J.M.G. Le Clézio, Didier Daeninckx

RIFIFI EN BANLIEUE

Dossier pédagogique

par
Friedhold Schmidt
et
Heinz-Günter Böhne

Ernst Klett Verlag
Stuttgart Düsseldorf Leipzig

Warum „rififi en banlieue"?

Heute lebt fast die Hälfte aller Franzosen in den *banlieues*. Was zunächst einmal nur die Bezeichnung für die Vororte der Großstädte war, ist mittlerweile Synonym für « *zones sensibles* » oder « *quartiers chauds* » geworden.
Zu behaupten, dass es sich bei allen *banlieues* um Krisengebiete handelt, wäre ungerecht und falsch. Dennoch stimmt es, dass sich die sozialen Übel unserer Zeit in einer Vielzahl von « *cités* » konzentrieren, die eine sehr hohe Arbeitslosenquote und eine starke Dichte an Immigrantenfamilien aufweisen, und bei welchen Kriminalität, Vandalismus und die ständige Konfrontation zwischen Polizei und Jugendlichen an der Tagesordnung zu sein scheinen.
Während vielerorts insgesamt die Verbrechensrate sinkt oder sich stabilisiert hat, steigt vor allem die Jugenkriminalität an. Es handelt sich zwar häufig « nur » um eine Minderheit von immer wieder straffällig werdenden Minderjährigen, die eine ganze *cité* belästigen und verängstigen, gar terrorisieren, aber die Täter werden immer jünger. Diese Jugendlichen, die sich von einer reichen Konsumgesellschaft ausgeschlossen fühlen und für sich keinerlei Zukunftsperspektiven sehen, machen ihrem Unmut immer wieder Luft durch Ausbrüche blinder Zerstörungswut: « *rififi* », eben, Zoff und Randale als Ausdruck des *mal-être*.
Banlieue, insécurité, délinquance des mineurs gehören zu den meistdiskutierten Themen der letzten Jahre in der französischen Gesellschaft im allgemeinen und in der Politik im besonderen. Gesetzesvorlagen und Regierungsmaßnahmenkataloge wechseln zwischen Prävention und Sanktion mit mehr oder weniger bemerkenswerten Teilerfolgen, das Problem verliert jedoch kaum an Schärfe und bleibt – leider – aktuell wie nie zuvor.

Das Schülerbuch *rififi en banlieue* enthält als Grundtexte zwei längere Novellen zeitgenössischer Autoren, *Ariane* von J. M. G. Le Clézio (1982) und *Rodéo d'or*, von Didier Daeninckx (1992). Beide Texte behandeln aus unterschiedlicher Sicht und mit unterschiedlicher Erzähltechnik die Problematik der Jugendgewalt in den Banlieues.
Ariane schafft unter langsamem Erzählrhythmus eine bedrückende Atmosphäre der Leere, der « *grisaille* » und der Bedrohung, die letztendlich zu Gewalt in Form einer Vergewaltigung umschlägt.
Daeninckx geht es in seiner Novelle *Rodéo d'or* hauptsächlich um das sensationslüsterne Verhalten der Medien, die die Misere der Banlieue als Mediensapektakel verkaufen und dafür nicht zögern, Jugendliche zu illegalen Handlungen anzustiften – mit tödlichem Ausgang.
Diese beiden fiktionalen Texten werden im Schülerbuch durch eine Reihe von fiktionalen und nicht-fiktionalen Zusatztexten ergänzt sowie auf den Kopiervorlagen des vorliegenden Dossiers von weiteren Texten, Statistiken, Zeichnungen und Fotos.

Konzeption des Dossier pédagogique

Das Dossier Pédagogique zu *rififi en banlieue* ist so konzipiert, dass die Unterrichtenden von den zur Verfügung gestellten Aufgabenstellungen diejenige auswählen können, die in dem von ihnen gesteckten zeitlichen Rahmen und nach den Voraussetzungen der Lerngruppe (Größe, Leistungsstärke, Motivation) sowie nach eigenen Präferenzen zur Behandlung des Themas geeignet erscheinen. Dabei berücksichtigen die Unterrichtsvorschläge die zur Zeit gängigen Methoden des schülerzentrierten Unterrichts, des kooperierenden Lernens und der Handlungsorientierung, weil dadurch die Eigenverantwortlichkeit und Kreativität der Lernenden gefördert werden soll.
Die nachfolgenden Hinweise und Erläuterungen stehen in engem Zusammenhang mit den 20 in diesem Dossier enthaltenen Kopiervorlagen (nachfolgend „KV" abgekürzt). Diese können ohne vorherige Genehmigung des Ernst Klett Verlages auf Folien für den Tageslichtprojektor kopiert und / oder – in den meisten Fällen – als vervielfältigte Arbeitsblätter an die Schüler/innen verteilt werden. Sie sind oben rechts mit einem Kopiersymbol und einer laufenden Nummer versehen.
Die im einzelnen aufgeführten methodisch-didaktischen Erläuterungen und die oft mitgelieferten Erwartungshorizonte sind grundsätzlich nicht als zwingende Vorgaben gedacht, sondern als arbeitstechnische und interpretatorische Möglichkeiten zu verstehen. Den Unterrichtenden sollen Arbeitserleichterungen an die Hand gegeben und Perspektiven eröffnet werden, ohne dass dadurch jedoch ihre Eigeninitiative eingeschränkt wird.
Auf einige Kopiervorlagen werden Redemittellisten als Hilfe zur Versprachlichung angeboten. Wieviel die Schüler/innen sich jeweils von diesen Vokabularien aneignen sollen, sollte vorab zwischen ihnen und dem Unterrichtenden vereinbart werden.

I Vor der Lektüre

Banlieues (KV 1)

Die Schüler/innen werden durch die Beschreibung der beiden kontrastierenden Fotos und der von ihnen ausgehenden Wirkung für die Tatsache sensibilisiert, dass „banlieue" nicht gleich „banlieue" ist. (Foto 1 wurde in Ville-d'Avray, Foto 2 in Mantes-la-Jolie aufgenommen).
Die auf KV 1 unten angegebenen Redemittel erheben keinen Anspruch auf Vollständigkeit, sie sind aber für weitere Bildbeschreibungen (z.B. bei den späteren KV 2, 8, 10, 14, 15 und 16) in hohem Maße übertragbar.

Une place au soleil (KV 2)

Diese Kopiervorlage dient der Einstimmung in das Thema „Leben als Jugendliche(r) in einer typischen *cité* sensibilisiert, das sowohl für *Ariane* als auch für *Rodéo d'or* einen wichtigen Hintergrund darstellt. Die KV kann zunächst als Folie für den Tageslichtprojektor präsentiert werden, die Arbeitsblätter werden dann erst zur Bearbeitung der Aufgabe 3 ausgehändigt.
1 Eléments de réponse :
premier plan : une jeune femme à l'air triste ou mécontent ; un abribus avec une affiche publicitaire « imagine ta place au soleil » et quelques tags / graffitis ;
second plan : une adolescente en anorak et baskets ;
arrière-plan : une longue rue droite pas très propre avec des immeubles des deux côtés, une rangée de jeunes arbres le long de la rue, quelques voitures en stationnement ; du soleil mais apparemment peu de chaleur ;
interprétation : impression de monotonie, de tristesse, de résignation qui contraste avec le rêve suggéré par l'affiche.
2 Ggf. auf die Konnotationen der Redewendung *une place au soleil* aufmerksam machen.
3 Diese Aufgabe sollte am besten schriftlich bearbeitet werden. Die Aufgaben-Alternativen, die sich inhaltlich stark überlappen, führen nicht nur zu Texte unterschiedlicher Art (Narration, Tagebuch, Interview, etc.), sondern ermöglichen auch unterschiedliche Annäherungsweisen an das Thema.

La couverture du livre

Die Schüler/innen beschreiben die Umschlagseite des Schülerbuchs und lassen ihren Assoziationen freien Lauf. Anschließend formulieren sie ihre Erwartungen gegenüber dem Inhalt. Zur Not kann der Lehrer / die Lehrerin durch Fragen lenken (z.B.: *Comment trouvez-vous la couverture ? Quelles associations fait-elle naître en vous ? Décrivez-la. Quand vous regardez cette couverture, qu'est-ce que vous vous attendez à lire à l'intérieur du livre ? De quel genre de sujet ou d'action pourrait-il être question ? Quel pourrait être le cadre de ces actions ?* usw.)

II Ariane

In leistungsswächeren Kursen empfiehlt sich eine schrittweise Erarbeitung des Textes mit den KV 3 bis 6 bzw. 7. Leistungsstärkere Kurse bzw. solche, die bereits einige Übung im Umgang mit literarischen Texten erworben haben, können direkt mit der KV 7 beginnen, die die Kenntnis des gesamten Textes voraussetzt.

Atmosphère ... (KV 3)

Der erste Teil des Textes (S. 5 - S. 7, L. 30) sollte in häuslicher Lektüre vorbereitet werden. Je nach Leistungsniveau des Kurses können auch die Aufgaben 2 bis 4 in Einzelarbeit und als Hausaufgabe bearbeitet werden. Diese Aufgaben sind als Alternativen gedacht, wobei sich Aufgabe 2 eher für leistungsschwächere, Aufgabe 4 eher für leistungsstärkere Schüler/innen eignet. Antwortvorschläge:
2 a) gris,e (3 x) et « couleur de ciment » (1 x) ; noir,e (4 x) ; blanc / blanche (3 x) ; orange (1 x), tricolore (1 x) ;
b) le béton, le goudron (2 x), la pierre (2 x), le ciment (4 x), le plexiglas, le fer, le bois, la brique ;
c) le bruit des cyclomoteurs (déchirant, qui rugit, étrange, comme celui de bêtes sauvages, incompréhensible, surnaturel, qui fait naître la peur) ; le bruit des voitures et des camions (qui vibrent, un grondement) ; les voix des téléviseurs (qui grognent, ricanent, chantonnent) ; les cris d'enfant ; les chiens qui aboient ; parfois de la musique (lourde, traînante, une voix aigüe qui chantonne, des mains qui applaudissent) ;
d) un fleuve sec ; une ville désertée où il n'y a personne (ou alors des « fantômes », des « ombres »), où il n'y a pas d'animaux (sauf une coccinelle « égarée »), où il n'y a pas de plantes (sauf un géranium « brûlé ») ;
des autos abandonnées ou qui semblent « aveugles » ;
le silence (8 x !).

3 a) p. 5, L. 3, 10, 15 et p. 7, L. 2 ; b) p. 5, L. 2, 10, 12, 15, 26 ; p. 6 , L. 24, 28 ; p. 7, L. 1, 7, 9, 17, 20, 23 ;
c) p. 5, L. 17 ; p. 7, L. 2, 7, 13, 14 ;
d) p. 6, L. 22 ; p. 7, L. 2, 17, 24 ; sans chaleur : p. 5, L. 18.

4 a) une vallée loin de la mer et loin de la ville ;
un fleuve sec avec un lit de galets poussiéreux ;
un nuage de fumée grise et lourde partout présent ;
b) une cité qui ressemble à une ville désertée ;
un paysage de collines de pierres, de routes et de ponts ;
des dizaines d'immeubles ayant parfois 16 étages (des grandes murailles / des falaises de béton gris avec des fenêtres rectangulaires, des cages d'escalier, des ascenseurs, des couloirs, des caves, des souterrains) ;
une usine de crémation, des supermarchés ;
des esplanades de goudron, des grands parkings ;
une autoroute, une grande route, un autopont, des poteaux électriques, des pylônes de fer ; un cimetière ;
c) des hommes, des femmes, des enfants, des chiens qui se déplacent comme des fantômes, sans se rencontrer ; les téléviseurs ; les jeunes en cyclomoteur ; au loin : des autos et des camions, des avions qui passent ;
parfois : des enfants, qui jouent, crient et se battent ; quelques femmes qui parlent sur le trottoir ; de la musique (arabe) ; des chiens qui aboient ; une coccinelle égarée ;
d) on est loin de la liberté (p. 5, L. 7) ; il n'y a pas assez d'air (p. 5, L. 7) ; la cité ressemble à une ville désertée (p. 5, L. 9), les habitants à des fantômes, à des ombres (p. 5, L. 17 et 20) ; dans le silence de la cité, le bruit « surnaturel » des cyclomoteurs fait naître la peur (p. 6, L. 20).

5 Ausgehend von dieser Fragestellung sollen die Schüler/innen die Trostlosigkeit und die Lebensfeindlichkeit der *cité* und ihrer Unfruchtbarkeit im Hinblick auf menschliche Beziehungen zur Sprache bringen
(monde « en noir et blanc », atmosphère de grisaille, anonymat, agressivité et menaces latentes, etc.).

6 Le lundi de Pâques, les gens ne travaillent pas (tout est fermé) et sortent peu (contrairement aux samedis et dimanches) : tout semble encore plus « mort » que d'habitude (voir les répétitions de *vide* et de *silence,* p. 7, L. 1-30).

7 Hier könnte man unterscheiden zwischen *répétition* als Stilfigur im engen Sinne (mehrfache Wiederholung eines Wortes in einem Satz oder in einander folgenden Sätzen → 1) und *répétition* im weiteren Sinne (häufiger Gebrauch eines Wortes in einem Text, z.B. um eine bestimmte Atmosphäre zu schaffen → 2).
1) loin de (5 x, p. 5, L. 6-8) ; personne (4 x, p. 5, L. 9-12) ; camions (3 x, p. 6, L. 30-31)
→ renforcement de l'idée d'isolement et de monotonie ;
2) les murs (7 x) → un monde fermé, isolé
le silence (7 x, p. 7, L. 20-27) ≠ le bruit (5 x, p. 6, L. 5-21),
la lumière (5 x) ≠ l'ombre (4 x) → « en noir et blanc »
l'usine de crémation (4 x) → une atmosphère morbide
(siehe auch Übung 3: Wiederholung der Adjektive).

8 Solutions individuelles.

Portraits (KV 4)

Die Aufgaben zur Hauptfigur Christine (1-3) setzen die Lektüre des Textabschnittes S. 7, Z. 31, bis S. 9, Z. 3 voraus. Der Text soll anschließend abschnittsweise weiter gelesen werden, bevor die Aufgaben 4, 5 und 7 bearbeitet werden.

1 a) grande, svelte (p. 7, L. 32), hanches évasées (p. 8, L. 21), des cheveux blonds en queue de cheval (p. 8, L. 2), des yeux noirs, une bouche rouge cerise, des dents très blanches (p. 8, L. 22-25) ;
vêtements et accessoires : un pull rayé rouge et blanc, un jean de velours noir, une veste de plastique blanc, des bottes courtes à talons très hauts, des boucles d'oreille en métal doré ((p. 7, L. 32 - p. 8, L. 2).
b) Spätestens zu Beginn dieses Aufgabenteils empfiehlt es sich, die Bedeutung der angegebenen Redemittel von den Schülern und Schülerinnen (ggf. mit Hilfe eines einsprachigen Wörterbuchs) überprüfen zu lassen.

2 Auch hier empfiehlt es sich, die Bedeutung der Redemittel *„la personnalité"* vorab überprüfen zu lassen.

3 Réponses individuelles. Exemples :
a) Elle est sans doute un peu superficielle et se « définit » d'abord en fonction de son aspect extérieur, de sa « façade ». Comme elle est aussi peu sûre d'elle, elle doit souvent vérifier que sa façade reste « parfaite ».
b) superficielle, un peu affectée ;
manque de confiance en elle-même, anxieuse ;
assez peu de tempérament et de personnalité

4 a) Son appartement n'est pas très accueillant (étroit, sale, bruyant, sentant mauvais), sa famille non plus (père peu soigné, sœur méchante, mère résignée). Tout lui fait penser à la pauvreté et à la médiocrité de ses conditions de vie.
b) Solutions individuelles.

5 Die Milk-Bar-Episode (S. 10, Z. 28 - S. 11, Z. 27) soll auf globales Verstehen möglichst zügig gelesen werden. Antwortelemente:
Le Milk Bar : une sorte de refuge, un lieu de chaleur, de communication, de bien-être qui contraste avec la rue, d'une part, avec l'appartement de sa famille, d'autre part.
Cathie : un personnage qui contraste avec Christine : plus âgée, plus naturelle, plus sûre d'elle et plus énergique, plus bavarde.
Christine : sa peur (le regard du patron la met mal à l'aise), sa décision de sortir, sa solitude retrouvée.

6 Diese Übung läßt der Phantasie der Schüler/innen freien Lauf. Zu beachten ist, dass Cathie mit ihrer *„langue de vipère"* den größeren Gesprächsanteil hat.

7 Après sa sortie du Milk Bar, Christine n'a pas plus envie qu'avant de rentrer chez elle mais elle ne sait pas quoi faire ni où aller. Elle cherche simplement à retarder le moment où il lui faudra rentrer. C'est le froid qui la décide à se remettre en route.

L'escalade (KV 5)

Der längere letzte Teil, der die Aggression und Vergewaltigung im Detail schildert, wird am besten in häuslicher Lektüre vorbereitet.

1 Bevor die Schlussszene analysiert wird, sollen die Schüler/innen die Möglichkeit haben, ihren emotionalen Reaktionen Luft zu machen.

2 Des casques aux masques de plexiglas, des blousons de simili-cuir / vinyle noir, des motos pleines de boue ; impression : des êtres anonymes et uniformisés (→ des soldats ?) qui aiment les démonstrations de force (→ menace latente) et n'ont pas peur de se salir (→ des brutes ?).

3 a) p. 12, L. 22 - p. 13, L. 4 : les motards ne font que passer ; p. 13, L. 12 - p. 14, L. 18 : ils gênent C. et lui font peur ; p. 14, L. 31 - p. 16, L. 32 : ils s'attaquent directement à C. Il y a une nette progression de l'*agressivité* / de la *violence* chez les motards et de la *peur* chez Christine.

(1)	b) passent à toute allure dans la rue en faisant beaucoup de bruit	c) prend peur, veut se cacher, court, se plaque au mur, regarde passer les motards
(2)	attendent C dans le parking	est d'abord surprise
	tournent autour d'elle	sent sa peur
		reste d'abord immobile
	se rapprochent	regarde autour d'elle
		a un vertige
	passent toujours plus près	crie et se met à courir
(3)	s'approchent de C.	est paralysée par la peur
	la prennent par le bras	se débat
	la frappent dans le ventre	
	l'entraînent à la cave	
	la jettent par terre	pleure
	l'obligent à se déshabiller	se déshabille
	déchirent le col de sa veste	(a peur pour ses habits)
	violent C. l'un après l'autre	souffre puis s'évanouit
	la poussent dehors	insulte le chef des motards
	menacent de la tuer si elle	reste seule sans rien dire
	parle	refait son maquillage

4 a) Le comportement de Christine est dominé par la peur. Face à l'agressivité massive des motards, elle est comme en état de choc : elle n'a pas la force de se défendre (ni physiquement, ni verbalement) et sait que chaque tentative de se débattre ou de crier entraînera des coups et peut-être plus. Elle réagit donc plutôt passivement.

b) Réponses individuelles.

c) Infos in französischer Sprache sind im Internet abrufbar, z.B. unter der Adresse:
http://www.graap.ch/Defense.html
(einfache Tricks, die von Ärzten und Polizisten empfohlen werden).

5 Réponses individuelles (résignation ? faire comme si de rien n'était ? « sauver la face » ?!)

Epilogue (KV 6)

Die Aufgabenstellungen auf dieser Kopiervorlage, die über das Ende der Novelle hinausgehen, sollen die Kreativität der Schüler/innen fordern

1 Bei dem zu erstellende Dialog ist zu achten, dass Perspektive und Sprachduktus einigermaßen zu der bei a) ausgewählten Person „passen".

2 Sollte das Brainstorming ins Stocken geraten, kann der Lehrer / die Lehrerin selbst einige Möglichkeiten vorschlagen :

– Christine parle à ses parents, qui l'accompagnent au commissariat pour porter plainte / qui ne veulent pas la croire / qui ont peur de rendre l'événement public.

– Elle en parle à une amie, qui en parle à une amie qui en parle à une amie ... qui en parle à Christine.

– Elle entend par hasard une conversation entre deux jeunes ; un détail la met sur la piste de l'un des motards.

– Elle vole des cachets et tente de se suicider. Etc.

3 Réponses individuelles.

4 a) sa manière de s'habiller (p. 7, L. 32 - p. 8, L. 3) : elle sert moins à se protéger du froid qu'à faire « sexy » et *donc* (?) à attirer les garçons ;

– son maquillage (p. 8, L. 23-24 et p. 10, L. 23-26) : il doit la faire paraître plus âgée, plus « femme », *donc* sexuellement plus mûre ;

– son refus de rentrer chez elle quand la nuit tombe (p. 9, L. 6-7 et p. 12, L. 1) : elle préfère le risque à la sécurité – *donc* (?) elle cherche l'aventure.

b) Réponses individuelles.

c) Deux arguments pour la thèse de l'injustice :

– Le désir de C. de rester dans la rue est avant tout un refus de rentrer chez elle, parce que la vie y est peu agréable, suite aux mauvaises conditions de vie du milieu social auquel elle appartient.

– Le désir de C. de se faire belle est l'expression d'un besoin élémentaire de se mettre en valeur, son milieu socio-culturel ne lui laissant que peu d'autres alternatives pour « briller » en société.

5 et 6 : Solutions individuelles.

Ariane ou l'art du récit (KV 7)

Diese Kopiervorlage setzt die Lektüre des gesamten Textes *Ariane* voraus. Sie ist vor allem für leistungsstärkere Gruppen gedacht und kann ggf. die KV 3 bis 6 *ersetzen.*

1 Individuelle (subjektive) Lösungen.
Beim Aufgabenteil b) dürfen Schüler/innen sowohl inhaltliche Elemente als auch sprachliche bzw. stilistische oder sonstige gestalterische Merkmale der Geschichte anführen.

2 Antwortvorschlag:
p. 5 et 6 : la cité HLM (cadre : le lieu)
p. 7, L. 1-30 : le lundi de Pâques (cadre : le temps)
p. 7, L. 31 - p. 9, L. 3 : Christine (le personnage principal)
p. 9, L. 4-27 : Des raisons pour ne pas rentrer
p. 9, L. 28 - p. 11, L. 27 : Où aller ? 1) le Milk Bar
p. 11, L. 28 - p. 12, L. 21 : Où aller ? 2) les rues vides
p. 12, L. 22 - p. 13, L. 11 : Les motards I (premier passage)
p. 13, L. 12 - p. 14, L. 30 : Les motards II (premières menaces)
p. 14, L. 31 - p. 16, L. 32 : Les motards III (le viol)

3 bis 7 : Individuelle Lösungen.

8 Es ist davon auszugehen, dass Schüler/innen mit den unter *L'analyse du récit* angeführten Fragestellungen im Deutsch- und Englischunterricht in Berührung gekommen sind, so dass nur die französische Terminologie zu erlernen ist (das Verständnis der gestellten Fragen sollte spätestens zu Beginn dieser Aufgabe überprüft werden).
Die Schüler/innen lösen die Aufgabe arbeitsteilig, wobei eine Einteilung in vier Gruppen sinnvoll erscheint : A intrigue, cadre, forces agissantes
B personnages, narrateur et point de vue
C rythme et ordre de la présentation
D langue et style

Antwortelemente:
- l'*intrigue* : le viol d'une jeune fille par des motards ;
- le *cadre* : une cité HLM un lundi de Pâques ;

forces agissantes :
- *Christine :* veut échapper à la monotonie et à la grisaille quotidiennes ; pour cela : 1. elle s'habille de manière voyante ; 2. elle évite de rentrer (tôt) chez elle. Cette démarche lui nuit surtout à elle-même (elle « profite » aux motards).
- Les *motards* : recherchent sans scrupules le plaisir sous toutes ses formes ; cela nuit aux habitants de la cité (le bruit) et surtout à C. (les brutalités, le viol).
- La *cité* elle-même est présentée ici comme une force agissante, avec son cadre hostile et ses bruits qui font peur.
Aident *et* s'opposent aux protagonistes :
- Le *Milk Bar :* « aide » C. à ne pas rentrer chez elle ; il remplit pour elle la fonction d'un oasis dans la cité. Le *patron* du Milk Bar neutralise cette « aide » : son attitude de voyeur pousse C. à sortir du bar.
- *Cathy* : a besoin d'un public, de quelqu'un qui l'écoute. Cela profite à C. dans un premier temps mais Cathy s'en va et renvoie C. à son point de départ.

personnages :
- *Christine* : décrite directement par le narrateur (p. 7, L. 31 - p. 8, L. 3), mais aussi indirectement (ses réactions, pensées et sentiments face à sa famille, à Cathy, aux motards) ; c'est un « caractère » (... même s'il est faible).
- Les *motards* : des « types » anonymes et sans traits caractéristiques, la représentation collective de la violence (qui est le pur produit de la cité).

technique narrative :
- Le *narrateur* est implicite.
Son *point de vue* varie entre le point de vue externe (decription de la cité : il semble ne pas savoir ce qu'il y a derrière les façades) et le point de vue subjectif de Christine (il connaît ses pensées et sentiments – mais pas ceux des motards : il n'est donc pas omniscient).
- Dans la première partie du texte (présentation de la cité et de Christine), le rythme est très *lent,* à cause des longues descriptions et des commentaires (ex.: une demi-page pour les pensées de C. à sa famille alors que c'est quelque chose que C. « perçoit très vite »).
Le rythme est un peu *accéléré* au Milk Bar (6 lignes pour plus de dix minutes de temps narré : p. 10, L. 34 - p. 11, L. 3). Il est *ralenti* après la sortie du Milk Bar et de nouveau *accéléré* quand arrivent les motards (p. 12, L. 22) puis quand ils tournent autour de C. (p. 13, L. 244-27) et surtout quand ils la violent (une demi-page seulement pour un événement qui « dure si longtemps », p. 16, L. 6-7).
- Le narrateur suit l'*ordre chronologique* des événements. (Die Erwähnung der Motorradfahrer und ihres angsteinflößenden Verhaltens zu Beginn der Geschichte bereitet zwar den Schluss gewissermaßen vor, ist aber keine Antizipation im engen Sinne.)

langue et style :
- langue *soutenue,* mais sans fioritures (Schnörkel) ;
- aucune particularité de lexique et de syntaxe ; phrases très courtes dans la scène du viol, plus longues dans les descriptions ;
- Style – dans les descriptions du début :
nombreuses *répétitions* et *énumérations* (qui créent un effet de monotonie - voir KV 3),
beaucoup de *comparaisons* et quelques *métaphores* (pour faire naître des images chez le lecteur : p. 5, L. 2-3, 15-16 et 24 ; p. 6, L. 17-19 ; p. 9, L. 19-21, 26-27, etc.) ;
dans la scène du viol : seulement quelques *euphémismes* (p. 16, L. 2 et 8 : *ouvrir* et *entrer).*
- Le *ton* est plutôt poétique dans les descriptions, très sobre dans la scène du viol (effet de contraste qui souligne le tragique de la situation).

III Banlieue, Jugend und Gewalt

KV 8 bis KV 16 beschäftigen sich an Hand von diversen Zusatzmaterialien mit dem Aspekten *(in)sécurité, criminalité* und *délinquance juvénile* auf dem Hintergrund des Lebens in der Banlieue und aus der Perspektive der Bürger, der Jugendlichen, der Politiker und der Medien.

Insécurité sociale - un tableau noir (KV 8)

1 a) Diese Aufgabe kann im Sinne des „free writing“ bearbeitet werden (zeitlich knapp begrenztes assoziatives Schreiben ohne besonderes Augenmerk auf Wortwahl, Orthographie und Grammatik).
b) Au *premier plan*, un jeune avec « une tête de bombe » (dont la mèche est allumée) ; ses yeux et sa bouche expriment la haine ou la colère ; devant lui : un pistolet (qu'il tient en main ?).
Au *second plan*, quatre personnes dont les têtes sont des bombes allumées (deux sont en train d'exploser) ; autour d'eux : plusieurs autres explosions.
L' *arrière-plan* noir représente des tours / des immeubles avec des nez et des yeux ; leur regard semble indifférent ou menaçant.
c) et d) Solutions individuelles.
(Mögliche Titel : Rififi en banlieue, Danse macabre dans la cité, La guerre des HLM, La banlieue fait la bombe, Banlieue : une bombe à retardement, etc.)

2 Sowohl die Dekodierung als auch das Kommentieren der drei Zitate sind von unterschiedlichem Anspruchsniveau, so dass eine Differenzierung nach Schüler-Leistungsvermögen möglich ist.

3 Réponses individuelles.

4 a) siehe Text im Schülerbuch, S. 28-29.
b) Il s'agit d'un compte rendu, qui est présenté sous une perspective relativement neutre.
Le journaliste fait très peu de commentaires : une courte remarque au début sur la démocratie directe (pour donner plus d'« importance » à la réunion de quartier ?), une autre à la fin sur la police démunie (sans doute pour indiquer que *lui aussi*, il aimerait qu'il y ait plus de policiers - très indirectement, il influence donc le lecteur dans ce sens).
[NB: Die Zahl 22 ist insofern „symbolisch“ als sie in der Wendung « 22 ! v'là les flics ! » verwendet wird, dem „klassischen“ Warnruf der Ganoven bei der Ankunft der Polizei.]

5 Solutions individuelles.
Sinnvollerweise sollten die Gruppen aus fünf bis sieben Schüler/innen bestehen, wobei die Rolle von G. Coste nach Möglichkeit von einem redegewandten Schüler oder einer redegewandten Schülerin besetzt werden sollte.

Délinquance : des hauts et des bas (KV 9)

1 Forte augmentation de la criminalité de 1990 à 94, nette baisse de 94 à 97 puis très légère tendance à la hausse de 97 à 98 et enfin stabilisation de 98 à 99.

2 a) stupéfiants ; b) et d) atteintes aux personnes ;
c) et g) vols et recels ; e) atteintes aux biens ;
f) économie et finances.

3 Ce sont des régions fortement industrialisées et très peuplées : celles de Paris, Marseille et Lyon. Les trois plus grandes villes de France sont entourées de banlieues où habitent souvent 1) les plus pauvres et 2) beaucoup d'étrangers ou enfants d'étrangers. Pauvreté et racisme sont deux sources importantes de conflits et de délinquance.

4 Die Zahlen der Grafik stammen von der *Police nationale* und beziehen sich nur auf Städte. (Detaillierte Zahlen der *Gendarmerie nationale*, die sich auf das Land beziehen, liegen nicht vor.) *Gesamt*zahl der vorläufig festgenommenen „mineurs“: 171 755 (1998), 170 387 (99).
Commentaire : Hausse constante et assez importante de la délinquance juvénile.
Quelques causes *possibles* :
– Le chômage a augmenté, surtout le chômage des jeunes, qui doivent alors trouver pour vivre d'autres « occupations », pas toujours légales.
– Les jeunes sont confrontés de plus en plus et de plus en plus tôt à la violence (télé, jeux vidéo, etc.) : ils la considèrent de plus en plus comme un moyen « normal » de régler ses problèmes.
– « Interpellé » ne veut pas dire « coupable » : la police a peut-être changé ses méthodes de travail (interpeller systématiquement les jeunes suspects sans preuves, p. ex.)
[NB : De 1993 à 1997, la France a été dirigée par des gouvernements de droite, souvent partisans des méthodes « musclées ». Un hasard ?]

Vivre dans les quartiers difficiles (KV 10)

1 Sur fond de grande ville (de banlieue), trois jeunes sont debout au sommet d'une tour / d'un haut immeuble et les quatre passerelles en béton qui doivent les relier à la famille, au collège, au travail et à l'argent sont cassées.
Message : Le dessinateur plaint les jeunes des banlieues, qui sont isolés (« les ponts sont coupés »), sans véritable lien avec leur famille, sans diplôme scolaire, sans travail, sans argent, et donc sans *espoir* de s'en sortir.

2 a) Sans emploi (indic. 1 et 2), pas de salaire et peu d'argent sur le compte chèques (3), donc peu de dépenses (4) et la nécessité de se faire aider financièrement (5).
Indicateur commun : le manque d'argent.

b) Chômage et manque d'argent touchent environ deux fois plus souvent les quartiers prioritaires.

c) Quand on a peu d'argent, on vit dans les logements les moins coûteux, donc ceux qui sont les plus vieux et/ ou dans le plus mauvais état.

d) Indicateur 8 : Les quartiers prioritaires se trouvent presque tous dans les banlieues des grandes villes, qui ont toutes un réseau de bus (ou de métro), contrairement aux petites villes et villages de province.

e) Réponses individuelles.

3 – la *famille* : mésentente des parents, divorces → familles désunies (dessin : « famille ») ;
– *l'école* : mauvaises notes, cours séchés, redoublement, exclusion → échec scolaire (dessin : « collège ») ;
– le *chômage* et le manque d'*argent* (dessin : « travail » et « argent »; indicateurs 1 à 5) ;
– le *cadre de vie* : logements insalubres (dessin : la tour de béton en partie cassée ; indic. 6 et 7), absence de lieux culturels et de loisirs, violence urbaine (indic. 10).
L'analyse de l'auteur du texte prend largement en compte les « indicateurs » sur la vie des quartiers ; le dessin de N'Guessan illustre parfaitement son texte.

4 a) *Etat* : responsabilités (partielles) concernant l'échec scolaire ? le chômage ???
b) *Municipalités* : responsabilités concernant le cadre de vie (logement, centres de loisirs, police municipale).
c) *Familles* : responsabilités concernant la vie familiale et (partiellement) l'école.

5 a) Exemples : un appartement beaucoup trop petit, sans confort, mal chauffé ; pas de voiture dans la famille ; jamais de vacances ; pas assez d'argent pour se payer des vêtements, pour prendre un coca avec les copains, pour aller au ciné, pour prendre le train. etc.

5 b) et 6 : Réponses individuelles.

Paroles de jeunes (KV 11)

1 Divergierende Auffassungen dessen, was ein „fait réel" ist („objektive" Realität vs. deren subjektive, dennoch „reale" Wahrnehmung durch die Betroffenen) können bei dieser Aufgabe zu unterschiedlichen Ergebnissen führen. Dies sollte zugelassen werden und kann nebenbei als Anlass für eine entsprechende Diskussion in der Klasse dienen. Antwortvorschlag :
a) le manque d'activités (de loisirs) et d'associations, le racisme ; le chômage, le manque d'aide (de l'Etat), les mauvais logements (les « cages à poules ») ; l'attitude injuste des médias ; l'échec des formations et des stages ; les « petits frères » qui sont renvoyés de l'école, qui traînent dehors, qui copient les « trucs illégaux » des grands et se battent avec la police ;
b) le sentiment d'être rejeté, traité comme du bétail, enfermé, méprisé, « foutu » ; la haine (contre la société), le dégoût, la colère.

2 Die Schüler/innen lesen den Text unter *vorherigem* Hinweis auf diese Aufgabenstellung (zielgerichtete, produktorientierte Lektüre). Die Einstellung der beiden Jugendlichen A. und K. zu den vorgeschlagenen Bereichen sollte jeweils kurz skizziert werden. Die Ergebnisse können an der Tafel oder auf Folie festgehalten werden.

3 On peut regrouper les plaintes en trois rubriques :
– on n'a pas d'argent, pas d'aide (contrairement aux chômeurs) ;
– on est mal vus et rejetés par presque tout le monde et mal traités par la police ;
– on est condamnés au chômage, on n'a pas d'avenir.
Plaintes justifiées ? (réponses individuelles).

4 a) A. trouve « nul » de s'attaquer à des gens qui n'ont rien fait et qui sont eux aussi dans la « galère » – mais il le fait quand même « parce qu'il n'a pas le choix ».
b) Réponses individuelles.
Um eine möglichst überlegte Diskussion dieser sicherlich strittigen Frage sicherzustellen, sollten sich die Schüler/innen zuvor in Gruppen beraten. Es gilt in der Diskussion klar werden zu lassen, dass man hier nicht der simplen Selbstjustiz das Wort reden sollte. (On a *toujours* le choix, même si ce n'est quelquefois qu'entre deux galères.)

5 Die Schüler/innen bearbeiten jeweils einen Leserbrief in Gruppenarbeit und bestimmen selbst Inhalte und Form der Erwiderung.

6 Die Aufgabe eignet sich als schriftliche Hausaufgabe und sollte in der ich-Form abgefaßt sein. Dabei sollen sich die deutschen Schüler/innen bewußt werden, wie sie im Gegensatz zu den „banlieusards" leben und dies aus der Sicht des Besuchers zusammenfassen.

7 Um diese Aufgabe zu bearbeiten wird KV 12 verteilt.

La tchatche (KV 12)

Die Wortliste dieser Kopiervorlage erhebt natürlich keinen Anspruch auf Vollständigkeit, sie enthält aber einen Großteil der „Banlieue-Sprache", die in *Rodéo d'or*, von Daeninckx, sowie in den Zusatztexten *Petit frère* (KV 13) und *Stop la violence !* (SchB., S. 37-39) vorkommt und kann somit zur lexikalischen Vorentlastung dieser Texte eingesetzt werden.
Selbstverständlich sollen diese Wörter von den Schülern und Schülerinnen *nicht* auswendig gelernt werden ! Vielmehr empfiehlt sich ein „spielerischer" Umgang mit dieser Kopiervorlage, z.B. dergestalt, dass Schüler/innen entsprechende deutsche Ausdrücke sammeln und ihren französischen Pendants gegenüberstellen.

IAM : Petit frère (KV 13)

Petit Frère erscheint auf *L'école du micro d'argent*, der dritten CD der Rap-Gruppe IAM (siehe Info). Die CD ist in Deutschland erhältlich, der Rap kann aber auch vom Internet heruntergeladen werden (mehrere Anbieter vorhanden).

> Le groupe IAM est né à Marseille en 1989. Il est composé de six jeunes Français d'origines diverses (italienne, algérienne, sénégalaise, malgache) qui se présentent volontiers sous des pseudonymes égyptiens. Le nom du groupe permet plusieurs lectures différentes : *Indépendantistes Autonomes Marseillais, Invasion Arrivant de Mars, I am* (angl.: *j'existe*). Les textes d'IAM traitent souvent de la vie des banlieue, du racisme et de la violence, ils prennent explicitement position contre le Front national. Mais contrairement à la tendance « dure » représentée, par exemple, par le groupe NTM, IAM ne prêche pas une rébellion ouverte. *« IAM ne veut pas allumer de grands incendies, juste faire jaillir quelques étincelles dans certains esprits. C'est tout ce qu'on peut faire avec une chanson. »*

1 b) un jeune de 13 ans qui boit, fume (du haschisch) et « joue les sauvages » (casse les voitures, vole) ; il veut surtout beaucoup d'argent (pour se payer des voitures, des vêtements chics) et se prépare pour cela à devenir un caïd / un « dur » / un « guerrier ».

2 a) Le petit frère veut devenir adulte trop tôt et ne prend pas assez le temps de vivre son enfance.
[Les paroles sont des allusions au Chat botté, *de Perrault, et à la fable* Le lièvre et la tortue, *de La Fontaine.]*
b) La télévision a une mauvaise influence sur les jeunes d'origine africaine, qui perdent ainsi leurs « racines » culturelles et ne (re)connaissent plus les « bonnes » vibrations qu'elles peuvent produire.
c) Les jeunes sont d'excellents clients pour les vendeurs de produits de consommation : On peut facilement les « presser comme des citrons » pour leur faire cracher leur « jus » (leur argent).
d) Bien qu'il ne soit encore qu'au début de sa vie, le petit frère veut déjà être plus riche et / ou plus puissant que les (délinquants) adultes.
[Allusion à la fable La grenouille qui voulait se faire aussi grosse que le bœuf, *de La Fontaine.]*

3
- les médias (la télévision), pour lesquels la violence est devenue une mode (L. 37-40, aussi 3-4 et 27-28) ;
- les jeux vidéo, dans lesquels les problèmes sont toujours réglés par la force (L. 7-8) ;
- la publicité, qui pousse les jeunes à consommer, raison pour laquelle il leur faut toujours plus d'argent (L. 45-46) ;
- les adultes, qui donnent le mauvais exemple (L. 13-14) ;
- la société en général, qui juge les gens en fonction de ce qu'ils possèdent (L. 49).

Deutungsmöglichkeiten gibt es viele, da der Text relativ offen ist. Wenn der Lehrer / die Lehrerin meint, eine kritische Evaluation an den Schluß setzen zu müssen, könnte man möglicherweise auch die zahlreichen Clichés untersuchen, die sich in dem Text widerspiegeln.

4 Solutions individuelles.

5 *Points communs :* A. et K. (dans la réalité) et le petit frère (dans le rap) sont des adolescents qui ont quitté l'école et sont devenus des jeunes délinquants.
Différences : A. et K. volent pour échapper à la misère, le petit frère vole pour devenir riche et puissant.
A. et K. utilisent la violence pour répondre à des injustices (réelles ou supposées), le petit frère l'utilise parce que c'est pour lui un moyen d'action « naturel ».
Surtout : A. et K. ont conscience de mal agir (ils sont un peu plus âgés), pas le petit frère.

La routine (KV 14.1 + 14.2)

Plantus Zeichnung (KV 14.1) kann zuerst auf Folie gezeigt werden (erste Eindrücke sammeln, Aufgabe 1 bearbeiten). Danach erhalten die Arbeitsgruppen die zwei KVs auf Papier.

1 la banlieue « défavorisée » d'une grande ville

2

des tours hautes et étroites	→ un quartier (trop) peuplé
les façades abîmées les vitres cassées les antennes TV tordues	→ des logements en mauvais état (insalubres)
la poubelle trop pleine les rats	→ la saleté, l'insuffisance des services municipaux
les embouteillages (au fond)	→ la pollution, le bruit
les jeunes jouant au basket	→ le manque de centres sportifs
les gens devant l'ANPE	→ le chômage
la bagarre (près de l'ANPE) la voiture brûlée et renversée la menace du pitbull	→ la violence urbaine
les seringues sur le trottoir	→ les problèmes de drogue
la voiture de police qui passe sans s'arrêter	→ l'indifférence ou la peur des policiers
les paroles des policiers	→ la lâcheté de la police

3 a) Parce qu'on a peur de se faire agresser.
b) Individuelle Lösungen. Bei der Diskussion sollte unbedingt differenziert werden zwischen der (nachvollziehbaren) Reaktion der einzelnen Polizisten und der (nicht akzeptablen) Kapitulation der Institution Polizei.

4 En montrant sur un même dessin tous les problèmes des banlieues, Plantu dramatise la situation pour mieux critiquer l'attitude de la police, qui n'ose plus aller faire régner l'ordre dans les banlieues (ou qui ne s'en donne pas les moyens).

5 Solutions individuelles.

Poser des limites (KV 15)

1 – Les anciens idéaux (politique, religion) ont disparu, la consommation reste aujourd'hui le seul idéal. Mais le manque d'argent entraîne la frustration, qui entraîne la violence.
– On ne peut pas tout laisser faire : Il y a des règles à respecter pour que la société fonctionne.
– Les parents n'ont plus d'autorité, les grands frères ne respectent aucune autorité, les plus jeunes ne reconnaissent donc plus ces règles.
– Pour rendre les jeunes responsables, il faut fixer des limites en prévenant et en punissant les dépassements.

2 Solutions individuelles.
Diskussionspunkt bei b): Welche Autorität können Schüler/innen am leichtesten / am wenigsten akzeptieren? (die des Alters? der Erfahrung? der Eltern? der Lehrer? der Religion? der „Experten"? [welcher Art?])

3 Il confirme ce que IAM dit
– de la *consommation* comme seul idéal des jeunes (le petit frère a envie de « grand standing ») ;
– de l'importance de l'*argent* pour financer ses désirs (en trouver beaucoup et vite est le seul but du petit frère) ;
– des *parents,* qui ne peuvent plus servir de modèles pour les jeunes (ils donnent le mauvais exemple).

4 Réponses individuelles.

5 Les mesures judiciaires sont surtout répressives, les mesures scolaires sont préventives, les mesures prises dans le domaine de la police sont en partie préventives, en partie répressives : l'augmentation des forces de police sert aussi bien à empêcher les délinquants potentiels d'agir qu'à les poursuivre quand ils ont déjà agi.

6 *Parallèles* : la nécessité de « poser des limites »,
la nécessité de la répression et de la prévention,
la nécessité de fournir un encadrement.
Différences : le programme du gouvernement propose des mesures concrètes (Vergely n'est pas précis sur ce point) mais ne mentionne pas les causes de la violence des jeunes (contrairement à Vergely, qui les analyse).

7 Dans une salle de classe, une prof de français enseigne la conjugaison du verbe *brûler* à partir de l'exemple « avoir envie de brûler une voiture ». Elle menace les élèves qui oublieront l'accent circonflexe de *brûler.*
Plantu se moque des pédagogues qui, face au phénomène de la violence, ont complètement perdu le sens des réalités et ne sont donc pas d'un grand secours pour la combattre.
En effet, la prof qu'il met en scène
1) choisit comme « exemple » (!) une phrase qui est presque une incitation à la violence ... au lieu d'insister sur le fait qu'une telle action est illégale et condamnable ;
2) prend des détails de forme (l'accent de *brûler)* bien plus au sérieux que les problèmes de fond (la violence et ses causes).

Un sujet très médiatique (KV 16)

1 Une équipe de télévision vient filmer la cité HLM où habite Samia, la jeune narratrice. La journaliste fait filmer différents endroits puis questionne des jeunes de la cité sur leur emploi du temps. Mais le film ne passe pas à la télé.

2 a) Samia est une fille de 13 ans, vive et gaie, mais disciplinée (p. 36, L. 34). Elle aime faire plaisir mais est aussi très fière de servir de guide et de passer devant la caméra. Elle est également un peu naïve (de croire, p. ex., que Sylvie l'appellerait au téléphone).
b) La perspective choisie a l'avantage de pouvoir montrer les choses telles qu'elles sont, sans préjugés et sans la « distance critique » souvent prise par les adultes.

3 Ils n'ont plus de local pour se réunir ; ils ont des problèmes avec les habitants de leur immeuble ; ils sont au chômage et ont peu de chances de trouver du travail.

4 Solutions individuelles.

5 Si le film ne passe pas à la télé, c'est sans doute parce que la chaîne ne le juge pas assez intéressant : il ne s'y passe rien de spécial, ce qui y est dit et montré est trop banal.
Pour Sylvie, Samia n'était « intéressante » qu'en tant que guide. La journaliste n'a pas envie de poursuivre des relations avec une gamine de banlieue et ne se donne donc pas la peine de lui téléphoner.

6 Das bei a) zu erstellende „Skript" ist hier als detaillierte Ablaufbeschreibung zu verstehen, nicht als vollständig redigierte Ton- bzw. Dialogfassung.

7 Un journaliste de télévision et un cameraman proposent à un jeune de banlieue un script selon lequel il doit, avec d'autres jeunes, brûler le camion d'une chaîne concurrente. Cette scène préparée à l'avance sera filmée puis présentée aux spectateurs comme étant l'action de jeunes « incontrôlables »! (En échange, la télé montrera ses chaussures de sport – sans doute pour que le jeune puisse toucher une prime publicitaire.)
[*Sowohl die Zeichnung als auch der Zeitungstext antizipieren den in* Rodéo d'or *zentralen Aspekt der Manipulation von Nachrichten im Zusammenhang mit Krawallen zum Zweck der Einschaltquoten.*]

8 Pour un reportage sur une cité de Strasbourg, une journaliste de la ZDF a payé l'un des adolescents qu'elle a filmés (« pour le remercier », dit-elle ; « pour qu'il pose », affirme l'adjoint au maire de Strasbourg).
La journaliste est accusée de manipuler ce qu'elle montre à la télé (comme le fait aussi celui du dessin).

9 Diese Aufgabe – wie auch die folgende – kann in weniger diskussionsfreudigen Gruppen durch ein entsprechendes Brainstorming ersetzt werden.

10 Solutions individuelles.
Bei a) : penser également à ce qu'on choisit consciemment de ne pas montrer, et *pourquoi* (p. ex. les scènes de la vie privée des vedettes, les victimes d'attentats ou autres personnes gravement blessées, etc.).

IV Rodéo d'or

Rodéo d'or 1 (KV 17)

Jeudi

Einzelne Antwortelemente:

1 c) 1. les discours officiels ; 2. le spectacle d'ombre et lumière ; 3. le concert de rap de BTP. *[BTP est une allusion au groupe de rap NTM (« nique ta mère »).]*

2 Le quartier avait sans doute très mauvaise réputation, la municipalité cherche à lui donner une nouvelle identité en le transformant (mais superficiellement seulement ...).

3 b) tous des écrivains / des poètes (cf. nom du quartier). NB: *Jean Ristat* und *Francis Combes* sind in vielen Enzyklopädien nicht zu finden (deux poètes contemporains qui étaient plus ou moins amis et disciples d'Aragon).
c) Liste des « ex »: poètes du 20ème siècle, de tendance anticonformiste et / ou de gauche ;
liste des « actuels » : écrivains du 16ème au 19ème siècle, classiques et / ou de droite / de tendance conservatrice.
d) Une municipalité de droite a remplacé l'ancienne municipalité de gauche. La « réhabilitation » du quartier est d'abord un acte politique qui consiste à changer les noms de lieux et de bâtiments publics (on change les étiquettes au lieu de changer les contenus !).

5 *King Jasper*, du *Bronx*, ses *baskets*, son *jean*, son blouson des *Lakers*, le *chewing-gum*, *Out for ever*, des *Public Enemy* ; *Madonna, Spielberg, King-Kong, Superman* et *Zorro*. Effet : parodie de la mode qui consiste à prendre les USA pour « modèle » culturel universel.

6 a) Le concert du groupe BTP.
b) Deux voitures arrivent à toute vitesse sur la place et se font la course. L'une d'entre elles est abîmée par son chauffeur, qui y met le feu et la fait exploser.
c) Cette voiture n'est pas à lui : il l'a volée.

Vendredi

1 Godillard, journaliste de TV5 : il apprend qu'un rodéo a eu lieu à Epinay et veut y aller. / Son correspondant au téléphone : il lui donne l'information pour pouvoir gagner 500 F. / Yvan, le caméraman qui était à Epinay : il va y retourner avec Godillard pour filmer le rodéo.

2 Il ne le *sait* pas (il n'a pas pu voir les coupables), c'est une affirmation qui a pour but de montrer que « son » quartier est sûr ... et donc que son propre travail est efficace.

3 Ils veulent que les jeunes parlent du rodéo pour enregistrer leurs paroles. Les jeunes sont assez agressifs.

4 Les jeunes proposent d'organiser un autre rodéo. Les journalistes paient, les jeunes volent deux voitures et les journalistes filment le rodéo.

5 a) pour que les journalistes n'incitent pas à la violence ;
b) doublement « coupables »: Non seulement ils filment l'événement, mais ils l'ont directement provoqué.

6 Ordre de présentation « habituel », qui place les informations de politique nationale et internationale (même peu importantes) avant les faits divers locaux (même mortels).

7 En manipulant l'ordre chronologique des images, il met la dernière information en image pour mieux la « dramatiser » et rendre son reportage plus sensationnel.

Trois mois plus tard

1 Voir les réactions indifférentes ou ennuyées des participants (p. 25, L. 1-10, la description du pupitre (L. 10-11), la « politesse » des invités (L. 22-23), les formules toutes faites qui servent de remerciement (L. 24-26).

2 Solutions individuelles (surtout qn de *calculateur* !)

3 Solutions individuelles. (Darauf achten, dass die Schüler/innen den Schluss der Geschichte vorher nicht lesen !)

Rodéo d'or 2 (KV 18)

1 - 5 und 8: Individuelle Lösungen.

6 L'auteur se moque de la « réhabilitation » de la cité (énumération avant/après de tous les lieux et bâtiments qui ont changé de nom) et du spectacle qui l'illustre.
Il se moque aussi et surtout du monde des médias : de la recherche de la sensation devenue un réflexe professionnel (p. 21, L. 12-14), de la cérémonie d'« auto-célébration » des Sept d'or (p. 25), des réseaux d'influence qui font et défont les carrières (p. 26. L. 3-4).

7 a) *intrigue* : Un « rodéo » de voitures organisé par la télé se termine par la mort d'un adolescent ;
cadre : une cité d'Epinay la nuit suivant l'inauguration du spectacle d'ombre et lumière ; la chaîne TV5 ; un théâtre ;
forces agissantes / personnages :
Les représentants du pouvoir (maire, police etc.) veulent rendre le quartier plus « sûr » et s'opposent en cela aux jeunes, qui se défoulent volontiers dans les rodéos. Les journalistes veulent faire un reportage aussi sensationnel que possible. Les jeunes les aident, volontairement d'abord, puis involontairement avec la mort de Michaël. A l'exception de Godillard, les personnages sont plutôt des types.
narrateur : implicite et omniscient ;
rythme : rapide dans l'ensemble, avec quelques passages linéaires (p. ex. Vendredi 0 h 30) mais beaucoup d'omissions (surtout entre les différents blocs) et plusieurs accélérations (p. 18, L. 23-30 ; p. 23, L. 17-20 ; p. 24, L. 16-19, p. ex.) ;
présentation des événements selon l'*ordre chronologique* ;
langue : très soutenue dans les narrations, familière (les journalistes) ou populaire (les ados) dans les dialogues ;
style / ton : peu de figures de style, ton assez ironique.
b) Vgl. Lösungen zu KV7, Übung 8 a), auf Seite 6.

V Nach der Lektüre

Stop la violence ! (KV 19)

1 Hier ließe sich eine kurze Brainstorming-Phase vorschalten. (Neben dem *Kommunistische Manifest* von Marx und Engels (1848), das den Schülern und Schülerinnen als Erstes einfallen dürfte, kann auch André Bretons *Manifeste du surréalisme* (1924) erwähnt werden.)

2 Individuelle Antworten. (10 propositions exprimant des messages *simples* et formulés dans une langue *familière*)

3 Exemples :

1 Les médias traitent les jeunes en coupables, alors qu'ils sont surtout des victimes.

2 Pour se respecter, il faut d'abord éviter la provocation.

3 C'est par le dialogue que les problèmes se règlent mais, entre les bandes, le dialogue n'est pas possible.

4 La police traite les jeunes en ennemis au lieu de les protéger.

5 Ce sont surtout les clans qui sont responsables de la violence. Il ne faut pas transformer sa bande en clan.

6 Les armes ne sont pas une solution : elles ne servent pas seulement à se défendre, mais aussi à attaquer.

7 Il faut respecter les filles comme les autres.

8 Même quand ce sont les autres qui cassent et salissent tout, c'est toujours les jeunes du quartier qui paient.

9 Se révolter contre les injustices, c'est un droit, mais il faut s'attaquer aux vrais responsables.

10 Un échec ne signifie pas qu'on est victime de la société et qu'il faut se venger en devenant délinquant.

4 Exemple : Pour stopper la violence, il faut que chacun commence par soi-même : les jeunes des banlieues, mais aussi la police et les médias.

5 citation de Love (1) → paragraphe 2 ;
Siham → § 6, 4 ; Didier → § 6 ; Saliha → (§ 1) ;
Ibrahim → § 5, 3 ; Love (2) → § 5, 1, 8 ; Lila → § 9.

6 Fonctions expressive et surtout conative.
Expressive : Les jeunes en ont marre, c'est injuste, ça devrait être merveilleux, ça fait du bien, c'est incroyable, etc.
Conative : Nous appelons la jeunesse à ... Que les parents sortent ... Qu'à ces réunions viennent les profs ... Que les grands donnent l'exemple ... Qu'ils aillent ... *(appels explicites)* ; Qui vend les revolvers ? Qui s'occupe de ...? Qui peut respecter ...? *(questions rhétoriques)* ;
On se parle sur un autre ton, Commence par respecter, Tu viens me le dire *(impératif ou présent ayant la fonction de l'impératif)*

7 Individuelle Antworten. Evtl. Zu diskutieren :
le manifeste a été rédigé par les jeunes les plus engagés, les autres sont plus passifs ; il est plus facile de rédiger un manifeste que de s'engager dans les faits ; le manifeste est très « médiatique » mais beaucoup de gens se rendent compte qu'il ne s'agit que d'une utopie ; etc.

Pour aller plus loin (projets)

La violence dans votre école

Que faire avant, pendant et après la constatation de cas de violence sur le territoire ou dans les environs immédiats de votre école ? En groupes, les élèves établissent une charte ou une « ligne de conduite » à l'usage des élèves, des surveillants et de l'administration de l'école, après avoir défini ensemble les limites de ce qui est tolérable.
Entrée en matière : faire le point sur les cas de violence ayant déjà eu lieu dans votre école (sans citer de noms !), sur l'attitude prise par les différents groupes de personnes concernées, sur les sanctions prises ou à prendre.
Prolongement possible : présenter sous forme de jeu de rôle le conseil de classe qui aura à se prononcer sur le cas (fictif) d'un élève ayant commis des actes de violence à l'école.

Des affiches contre la violence

En groupes, les élèves réalisent plusieurs affiches en grand format dont le but est de mettre en garde contre la violence. Eléments à intégrer : une grande photo ou autre illustration (motif ?), un slogan court et « fort », un texte explicatif de cinq phrases maximum, comportant un appel direct (à qui ? pour faire quoi, concrètement ?) En français, de préférence ! Les résultats pourront être affichés sur les murs de l'école.

Le thème de la violence dans le rap

Les élèves réunissent une petite collection de raps français ou francophones qui traitent directement ou indirectement de la délinquance / de la violence (au moins les paroles de ces raps, la musique si possible).
Chaque élève choisit l'un de ces raps, qu'il présente ensuite à ses camarades : résumé ou présentation du sujet en quelques mots ; quelques citations intéressantes à expliquer et / ou à commenter ; une prise de position personnelle ; si possible quelques mots sur les auteurs et / ou les interprètes.
Quelques adresses internet pour lancer les recherches :
http://www.rapsound.com (moteur de recherche rap)
http://www.rapfrancais-center.com
http://www.multimania.com/peura/ (2 sites-portails consacrés au rap)
http://www.iam.tm.fr
http://www.supreme-ntm.com
http://www.fonkyfamily.com (3 sites « officiels » de groupes de rap avec textes à télécharger)

La haine

Les élèves visionnent *La haine*, un film de Mathieu Kassowitz sur la violence dans les banlieues (1995). Ils choisissent plusieurs « séquences-clés » qui seront ensuite analysées et commentées en fonction de critères qu'ils auront préalablement établis. *(La version originale du film est disponible en vidéo VHS-PAL chez Lingua Video, Bonn. Tel. 02244 - 91 50 06.)*

Banlieues

1

1 Spontanément, quelles impressions ou quels sentiments est-ce que vous avez en regardant ces deux photos ? Faites une petite liste.
2 Décrivez les photos *(voir le vocabulaire ci-dessous)* puis donnez un titre à chacune.
3 A votre avis, qu'est-ce que les photographes ont voulu exprimer en faisant ces photos ?
4 À deux, comparez vos listes et vos résultats. Qu'est-ce que vous constatez ?

Pour décrire une illustration

La photo Le dessin Le tableau L'image	représente … montre … met en scène … illustre …

En regardant cette photo, Face à la scène représentée,	on a l'impression que … j'imagine que …

Il se dégage de ce tableau une atmosphère de … / assez …
Tout ce qu'on voit sur cette illustration porte à croire que …

Au premier plan Au second plan À l'arrière-plan		se trouve … se dresse … il y a …	
Au centre / Au milieu En haut | à droite En bas | à gauche Devant X / Derrière X À côté de X / Près de X	, on		voit … aperçoit … reconnaît … distingue … découvre …

Ce qui (me)	paraît évident, frappe, surprend, choque,	c'est (que) …
Ce que je trouve Ce qui est	intéressant, étonnant, curieux, bizarre,	

Une place au soleil

2

1 Décrivez la photo ci-dessus, prise à Sceaux, en banlieue parisienne. *(Utilisez le vocabulaire de la feuille de travail 1.)* Dites ce que vous ressentez en la regardant et pourquoi.

2 Imaginez votre propre « place au soleil » : Où se trouve-t-elle ? A quoi ressemble-t-elle ? Qu'est-ce qui la rend particulièrement agréable ?

3 Par groupes de deux, faites maintenant l' *un* des exercices suivants :

A Mettez-vous à la place a) de la jeune fille du premier plan puis b) de l'adolescente qui est derrière elle. Inventez ce qui s'est passé peu avant que la photo ne soit prise et dites à quoi vous pensez au moment où elle est prise.

B Dans une ou deux minutes, les deux personnages vont se parler. Imaginez la situation puis rédigez le dialogue.

C A l'aide de votre fantaisie, reconstituez la situation dans laquelle se trouve la jeune fille du premier plan :
- Comment s'appelle-t-elle ? Quel âge a-t-elle ? Où habite-t-elle ? Que fait-elle dans la vie ?
- D'où vient-elle ? Qui ou qu'est-ce qu'elle attend ? Qu'est-ce qu'elle regarde, sur la photo ? Où veut-elle aller ?
- A-t-elle vu la fille qui est derrière elle ? La connaît-elle ? Si oui, quel genre de rapport ont-elles l'une avec l'autre ? Vont-elles se parler ? De qui ou de quoi ? Combien de temps vont-elles passer ensemble ? Comment vont-elles se quitter ?
- Que va-t-il se passer ensuite ?

D La jeune fille fait son autoportrait : elle se présente, parle de sa vie quotidienne (privée et/ou professionnelle) et surtout de ses rêves. (Parlez à la 1ère personne.)

E Vous êtes journaliste et vous préparez un article sur les banlieues. Notez les questions que vous aimeriez poser à la jeune fille et les réponses qu'elle vous donnerait. (Puis jouez l'interview.)

Atmosphère ...

1 Lisez la première partie du texte *Ariane* (jusqu'à la page 7, ligne 30).
Spontanément, comment réagissez-vous à cette description de la cité HLM ?

Choisissez maintenant l' *un* des exercices 2 à 4 et travaillez en groupes :

2 Relevez dans le texte et notez dans le tableau ci-dessous tous les mots et expressions qui désignent ou qualifient
a) les couleurs ; b) les matériaux de construction ; c) les bruits ; d) l'absence de vie.

3 Relevez dans le texte et notez dans le tableau les expressions qui utilisent ou qui illustrent bien les adjectifs suivants :
a) gris,e ; b) grand,e ; c) vide ; d) froid,e.

4 Relevez dans le texte et notez dans le tableau tous les mots et expressions utilisés pour décrire
a) la vallée ; b) la cité et ses bâtiments ; c) la vie dans la cité ; d) les impressions du narrateur face à la cité.

a)	b)
c)	d)

5 En vous référant au contenu de votre tableau, résumez vos impressions et qualifiez l'atmosphère de la cité HLM.
(Voir le vocabulaire donné en bas de page - utilisez un dictionnaire unilingue pour comprendre les mots inconnus.)

6 Dans quelle mesure le lundi de Pâques (p.7) vient-il renforcer l'impression produite ?

7 a) Dans le texte, il y a beaucoup de répétitions. Relevez les plus fréquentes d'entre elles.
b) A votre avis, pourquoi l'auteur se sert-il autant de cette technique littéraire ? Notez vos idées puis expliquez votre point de vue.

8 Après la lecture de cette première partie du texte, quelle sorte d'histoire ou d'événements vous attendez-vous à lire ? Parlez-en à un partenaire. Ensemble, esquissez une ou plusieurs intrigues possibles et discutez de leur probabilité.

une atmosphère...

assez / franchement ...	*de / d'...*
(dé)tendue / paisible / conviviale / gaie /	calme *(m)* / tranquillité *(f)* / sérénité *(f)* /
triste / morose / sombre / sinistre / lugubre / troublante /	mélancolie *(f)* / tristesse *(f)* / grisaille *(f)* /
mystérieuse / pesante / oppressante / déprimante /	anxiété *(f)* / (in)sécurité *(f)* / menace *(f)* /
angoissante / hostile / menaçante / terrifiante /	agressivité *(f)* / violence *(f)* / terreur *(f)* / (etc)

Portraits

4

1 a) Lisez le texte de la page 7, ligne 31, à la page 9, ligne 3. Relevez-y les indications qui caractérisent le physique de Christine et notez ces premières descriptions dans la liste ci-dessous.
b) A l'aide du vocabulaire de la liste, complétez le portrait de Christine telle que vous l'imaginez vous-même.

PORTRAIT DE CHRISTINE :

Le physique / l'aspect extérieur d'une personne

le visage
- la forme *(rond / carré / ovale / long / large)*
- le teint *(pâle / frais / mat / rougeaud / hâlé / basané)*
- les yeux (leur couleur, leur forme)
- le nez *(long / droit / pointu / crochu / épaté / retroussé)*
- la bouche, les lèvres, les dents
- le menton, les joues, les oreilles, le front, etc.
- caractéristiques diverses *(joufflu / émacié / boutonneux / ridé / couvert de cicatrices*, etc.)

les cheveux
- la couleur *(blonds / châtain clair* ou *foncé / roux / bruns)*
- le type *(raides / ondulés / bouclés / frisés / crépus)*
- la longueur *(ras / courts / mi-longs / longs)*
- la coiffure *(en brosse / une frange / une raie / une queue de cheval / un chignon / des nattes)*

la taille
↕ *petite / moyenne / grande / de haute stature*
↔ *maigre / mince / svelte / musclé / trapu / fort / corpulent / gros / obèse*

- les particularités, tics, ou handicaps physiques (s'il y en a)
- l'impression d'ensemble (pour une femme : *belle, jolie, ravissante, laide ;* un homme *: bel homme, séduisant, laid)*
- les vêtements et les accessoires.

2 a) En groupe, faites le portrait de l'ami(e) idéal(e). Commencez par son physique *(voir ci-dessus)*, puis continuez par son caractère et ses comportements caractéristiques *(voir ci-dessous. Attention aux terminaisons du féminin.)*
b) Présentez votre portrait au reste de la classe. Votez ensuite pour le portrait que vous considérez comme le plus réussi.

La personnalité / le caractère

AVOIR ... *peu de / une forte* PERSONNALITÉ
bon / mauvais CARACTÈRE
peu de / beaucoup de TEMPÉRAMENT
de bonnes / de mauvaises MANIÈRES.

ÊTRE ... *naturel, spontané* OU *affecté, calculateur*
gai, insouciant, optimiste
OU *triste, mélancolique, anxieux, pessimiste*
aimable, gentil, chaleureux, généreux
OU *froid, distant, râleur, égoïste, vaniteux*
équilibré, posé, sérieux, ouvert, franc, discipliné
OU *impulsif, changeant, capricieux, hypocrite*
réservé, discret, timide, renfermé, introverti
OU *sociable, désinvolte, excentrique, extraverti*
énergique, autoritaire OU *apathique, faible, mou.*

3 a) Christine cherche plusieurs fois à se voir dans un miroir (p. 8). A votre avis, comment s'explique ce « besoin » ?
b) Quels traits de caractère prêteriez-vous à Christine ?

4 a) Après avoir lu le texte jusqu'à la p. 9, L. 27, expliquez pourquoi Christine ne veut pas rentrer chez elle.
b) Mettez-vous à la place de l'assistante sociale du quartier et rédigez un (bref) rapport sur la famille de Christine.

5 Lisez l'épisode du Milk Bar (jusqu'à la p. 11, L. 27) puis dites ce que vous avez retenu d'intéressant dans ce passage. Comparez votre réponse à celle de vos camarades.

6 Au Milk Bar, Cathie « parle trop », contrairement à Christine, et « dit du mal de tout le monde ».
En groupes, reconstituez le dialogue par écrit. (Inventez les détails qui ne sont pas dans le texte original : De qui Cathie parle-t-elle ? Qu'est-ce qu'elle peut bien raconter ?)

7 Expliquez la conduite de Christine après sa sortie du Milk Bar (et avant l'arrivée des motards - jusqu'à la p. 12, L. 21).

L'escalade

5

1 Vous avez lu la nouvelle de Le Clézio jusqu'à la fin. Quelles ont été vos réactions à la lecture des deux dernières pages ? (Quelques expressions pour vous aider : *J'ai été étonné,e / troublé,e / gêné,e / déconcerté,e / consterné,e / bouleversé,e / horrifié,e par ... Cela m'a laissé,e indifférent,e / mis,e mal à l'aise / attristé,e / excité,e / rendu,e agressif, -ive, etc.)*

2 a) Retrouvez les mots et expressions utilisés pour décrire l'aspect extérieur des motards et dites quelle impression cette description produit sur le lecteur.

b) Avec vos propres mots, caractérisez en une ou deux phrases la troupe des motards.

3 a) Christine est « confrontée » trois fois aux motards. Retrouvez les trois passages du texte concernés et dites dans quelle mesure ces passages sont en progression. Puis, pour chacun des trois passages, notez dans le tableau ci-dessous

b) ce que font les motards (leurs actions et /ou le résultat de celles-ci) ;

c) les réactions visibles ou intérieures (pensées, sentiments) de Christine.

	passages	*b) actions des motards*	*c) réactions de Christine*
1			
2			
3			

4 a) Comment expliquez-vous les réactions de Christine dans la situation mise en scène par Le Clézio ?

b) Quelles autres réactions auraient été possibles ? Comment auriez-vous réagi, à la place de Christine ? Expliquez pourquoi.

c) Savez-vous ce que les personnes et autorités compétentes (police, éducateurs, moniteurs d'auto-défense ou autres) conseillent de faire dans ces cas-là ?

5 Comment faut-il comprendre la réaction de Christine dans le tout dernier paragraphe du texte ? Personnellement, que pensez-vous de cette réaction ?

Epilogue

6

1 Peu après les événements tragiques de la soirée, Christine parle de ce qui lui est arrivé à une personne de confiance.
   a) Par groupes de deux, déterminez d'abord qui est cette personne de confiance ou quelle est sa fonction (est-ce quelqu'un de la famille ? un ou une ami(e) ? une assistante sociale ou un psychologue ? un prof ? quelqu'un d'autre ?) et dans quelles circonstances Christine va la rencontrer.
   b) Dites comment cette personne réagit et ce qu'elle va conseiller à Christine.
   c) Rédigez ensuite le dialogue qui a lieu entre les deux personnes puis lisez-le (et jouez-le !) devant le reste de la classe.
2 Imaginez ce qui pourrait se passer après la fin de la nouvelle.
   a) Notez d'abord au tableau *tout* ce que vous considérez comme « possible » (même si ce n'est pas toujours très réaliste).
   b) Parmi ces possibilités, choisissez ensuite celles qui vous paraissent les plus réalistes vu la « psychologie » de Christine. Justifiez votre choix.
3 A votre avis, dans quel but Le Clézio a-t-il écrit cette nouvelle ? Discutez-en avec vos camarades.
4 Après les drames semblables à celui de Christine, il y a toujours des gens qui considèrent que la victime porte en partie la responsabilité du viol, qu'« elle a cherché ce qui lui est arrivé ».
   a) Recherchez dans le texte de Le Clézio toutes les informations qui pourraient servir d'arguments à ces personnes.
   b) Personnellement, que pensez-vous de cette opinion ?
   c) Face à ce genre de drame, d'autres personnes considèrent cependant que la jeune fille ne porte aucune responsabilité et qu'elle est même doublement victime : du viol, mais aussi des diverses injustices de la société.
   Formez maintenant deux équipes, dont l'une soutient cette dernière thèse et l'autre l'opinion exprimée au début de l'exercice 3. Rassemblez vos arguments en vous référant au texte de la nouvelle puis organisez le débat en classe.
5 Choisissez *un* des devoirs écrits suivants (inventez les détails qui ne sont pas dans le texte, mais restez plausibles !) :
   A Au commissariat de police, Christine porte plainte contre X. Rédigez sa déposition.
   B Un journaliste a été informé par la police. Rédigez l'article de fait divers qu'il va proposer au journal local.
   C La police a arrêté le chef de la bande des motards, qui nie toutes les accusations portées contre lui.
   L'inspecteur qui l'interroge n'a pas (encore) de preuve et finit par perdre son calme. Reconstituez l'interrogatoire.
   D La police a mis la main sur un autre membre de la bande des motards, qui avoue assez vite sa participation mais déforme beaucoup la vérité pour pouvoir se décharger sur les autres. Reconstituez l'interrogatoire.
   E Pendant le procès contre les motards, Christine est interrogée par la défense.
   Formulez les questions que lui pose l'avocat des motards et les réponses données par Christine.
   F Cathie et le patron du Milk Bar sont cités comme témoins devant le tribunal.
   Rédigez les questions des avocats et les réponses des témoins.
   G Vers la fin du procès, le procureur et l'avocat de la défense présentent chacun leur plaidoierie.
   Rédigez l'une de ces plaidoieries.
6 Choisissez l'une des citations suivantes. Expliquez-la, mettez-la en rapport avec le texte de Le Clézio, puis prenez position pour ou contre.

> Quand on peut user de violence,
> il n'est nul besoin de procès.
> Thucydide (historien grec)

> *Si tu veux que le sage s'irrite*
> *autant que le réclame l'horreur des crimes,*
> *il lui faudra non plus s'irriter mais devenir fou.*
> *Sénèque (philosophe grec)*

> L'injustice appelle l'injustice,
> la violence engendre la violence.
> Henri Lacordaire (religieux)

> La violence, sous quelque forme
> qu'elle se manifeste, est un échec.
> Jean-Paul Sartre (écrivain)

> La pire des violences
> est l'absence d'espoir.
> Gilles Gesson (journaliste)

> Lorsque je vois un méchant, je me demande d'abord
> de qui ou de quoi il se venge.
> Gilbert Cesbron (écrivain)

Ariane ou l'art du récit

7

1 a) Quels ont été vos sentiments dominants pendant et juste après la lecture du texte d'*Ariane* ?
b) Notez spontanément les trois éléments, aspects ou passages du texte qui vous ont semblé être les plus intéressants.
c) Pouvez-vous expliquer pourquoi vous avez réagi de cette manière et pourquoi vous avez choisi ces trois éléments ?

2 Divisez le texte en plusieurs parties, donnez un titre à chaque partie et dites quelle « fonction » elle occupe dans le récit.

3 En partant des informations données dans le texte, décrivez l'environnement et la vie quotidienne de Christine tels que vous vous les représentez. (Parlez, entre autres, de l'appartement dans lequel elle habite, des membres de sa famille et des rapports qu'elle a avec eux, avec ses amis ou collègues, de ce qu'elle fait pendant la journée en semaine et le week end, etc.)

4 Imaginez que vous avez fait la connaissance de Christine avant l'épisode d'*Ariane*. Dans une lettre à un ou une ami(e), vous mentionnez cette rencontre et vous écrivez ce que vous pensez de Christine.

5 *Ariane* a été publiée dans un livre de Le Clézio intitulé *La ronde et autres faits divers*. Rédigez un article de fait divers qui aurait pu inspirer l'auteur.

6 En groupes, esquissez l'intrigue d'*Ariane*. Inventez une autre fin à ce récit et rédigez le texte correspondant à cette fin.

7 Par groupes de deux, composez une « 4ème de couverture » pour *Ariane*. Pour cela, combinez plusieurs des éléments suivants : Quelques informations sur l'auteur (et une photo de lui ?), un bref résumé du récit (sans mentionner la fin), les caractéristiques dominantes du récit, votre jugement personnel, une ou deux citations du texte, etc.

8 Lisez la rubrique *L'analyse du récit*, ci-dessous.
a) En groupes, examinez *Ariane* en fonction des catégories d'analyse proposées (partagez-vous le travail).
b) Présentez vos résultats au reste de la classe. Ensemble, déterminez ensuite les aspects qui, dans *Ariane*, vous semblent être les plus caractéristiques / les plus marquants / les plus originaux.

L'analyse du récit

Un récit, c'est d'abord une **intrigue** et un **cadre**. La réponse aux questions *Qui fait quoi, où, quand et pourquoi ?* suffit souvent à cerner le contenu du récit à partir de l'intrigue et du cadre. Cela permet, par exemple, d'en faire un résumé. Une analyse plus poussée passe par l'examen des « éléments constitutifs » du récit. On peut ainsi examiner :

les forces agissantes

- Quels sont les personnages et les institutions, les normes, les valeurs et les idées, les circonstances qui déterminent la marche des événements?
- Quel est le but poursuivi par le(s) protagoniste(s) ?
- A qui profite et à qui nuit la démarche des protagonistes ?
- Quelles sont les forces qui aident les protagonistes dans leur démarche ? Quelles sont celles qui s'y opposent ?

les personnages

- Sont-ils caractérisés directement (par le narrateur ou un autre personnage) ou indirectement (à travers leurs actions, leurs paroles, leurs pensées) ?
- Quels sont leurs traits physiques, caractère et attitudes ?
- Sont-ils des caractères (des personnages fortement individualisés) ou des types (des personnages conventionnels) ?

la technique narrative

le **narrateur**

Est-il explicite (un personnage du récit) ou implicite ?

le **point de vue**

- interne : le narrateur est un témoin *subjectif* (qui voit et pense ce que voit et pense l'un des personnages du récit) ;
- externe : le narrateur est un témoin *objectif* (qui ne raconte que ce qu'on peut voir de l'extérieur) ;
- omniscient : le narrateur sait tout sur tous les personnages, il peut les juger, commenter l'action, voir l'avenir).

le **rythme**

- Le *temps narré* (la durée de l'histoire racontée) correspond-il au *temps de la narration* (le temps qu'on met à la lire) ? Ou bien le rythme est-il
- ralenti (p. ex. par des descriptions ou des commentaires) ?
- accéléré (p. ex. par des omissions ou des résumés) ?

l'**ordre** de la présentation

- Le narrateur suit-il l'ordre chronologique des événements ?
- Ou interrompt-il la chronologie par des anticipations
- ou des retours en arrière (« flash-backs ») ?

la langue et le style

- Quels sont les types de langage employés (langue littéraire, « soutenue », familière, populaire, verlan, argot, etc.) ?
- Y a-t-il des particularités de lexique (p. ex. verlan, néologismes) ou de syntaxe (grammaire, structure des phrases) ?
- Quelles figures de style sont utilisées (p. ex. comparaisons, métaphores, répétitions, hyberboles, litotes, euphémismes, antiphrases, paradoxes, etc) et dans quel *but* (illustration, emphase, ironie) ?
- Quel est le ton d'ensemble du texte ?
(comique, tragique, didactique, ironique, lyrique, etc.)

Insécurité sociale - un tableau noir

8

1 a) Par écrit, dites quel genre d'émotion ou de réaction l'illustration ci-dessus fait naître en vous.
b) Décrivez-la (énumérez tout ce que vous y voyez - *voir aussi le vocabulaire de la feuille de travail n° 1).*
c) Expliquez ce que cette illustration symbolise, à votre avis, ou quel est son « message ».
d) Donnez-lui un titre.

2 Prenez position par rapport à l'une des citations suivantes (ou aux trois) :
- *La sécurité est un droit fondamental du citoyen.* (Lionel Jospin, Premier ministre)
- *Le monde est plein de braves gens qui ne voient partout que des gredins.* (Jacques Chardonne, écrivain)
- *Notre liberté est menacée par le besoin de sécurité et la sécurité elle-même est menacée par le souci obsédant qu'on en a.* (Norbert Bensaïd, médecin)

3 Vous-même, quelle importance accordez-vous au problème de la sécurité ?
(D'après vous, est-ce *moins, aussi* ou *plus* important que quels autres problèmes de société ?)

4 Lisez l'article *L'insécurité demeure la préoccupation majeure,* dans le livre de l'élève (pages 28-29).
a) A deux, faites une liste des informations contenues dans le texte.
b) De quel genre d'article s'agit-il ? A votre avis, le journaliste veut-il simplement informer le lecteur ? Veut-il aussi l'influencer ? (et, si oui, dans quel but et de quelle manière ?)

5 En groupes, présentez la réunion de l'école des Combes sous forme de jeu de rôle : préparez les dialogues, puis jouez la scène. Les personnages :
- le conseiller municipal Guy Coste (introduit et dirige le débat, donne la parole aux habitants, commente ce que disent les autres, pose des questions, donne des informations en tant que représentant de la ville, tire ses conclusions) ;
- l'habitante des « Hauts de Manosque », celle des « Coteaux d'or » et le riverain des environs du Lycée Martin Bret (exposent leur cas, donnent des détails, se plaignent, demandent des solutions) ;
- un(e) habitant(e) de Manosque, membre d'un parti d'extrême-droite (dramatise ce que disent les autres, présente d'autres cas de délinquance, exige des mesures punitives dures) ;
- un(e) autre participant(e) de votre choix (p. ex. quelqu'un qui cherche à comprendre les jeunes délinquants).

Délinquance : des hauts et des bas

9

1 Examinez les stastistiques ci-dessous, publiées en 2000 par la police et la gendarmerie françaises. Présentez les chiffres de la rubrique I sous forme de graphique linéaire (A). Que constatez-vous ?

2 Présentez les chiffres de la rubrique II sous forme de graphique (« camembert » B). Dites à quelle catégorie appartiennent les crimes et délits suivants : a) la vente d'héroïne ; b) une tentative de meurtre ; c) le hold-up d'une banque ; d) un viol ; e) la pose de graffitis sur les murs du métro ; f) l'usage de cartes de crédit trafiquées ; g) un vol de voiture.

3 Dans « la part des régions » (III), dites ce que les trois régions les plus « criminelles » ont en commun et en quoi cela peut expliquer une proportion de crimes et de délits aussi élevée.

4 Commentez le graphique IV, établi d'après les statistiques de la police nationale. Enumérez plusieurs causes qui, à votre avis, ont pu contribuer au développement de la délinquance juvénile.

I Crimes et délits
(ensemble du territoire)

- 1990 : 3 492 712
- 1992 : 3 830 996
- 1994 : 3 919 008
- 1996 : 3 559 617
- 1997 : 3 493 442
- 1998 : 3 565 525
- 1999 : 3 567 864

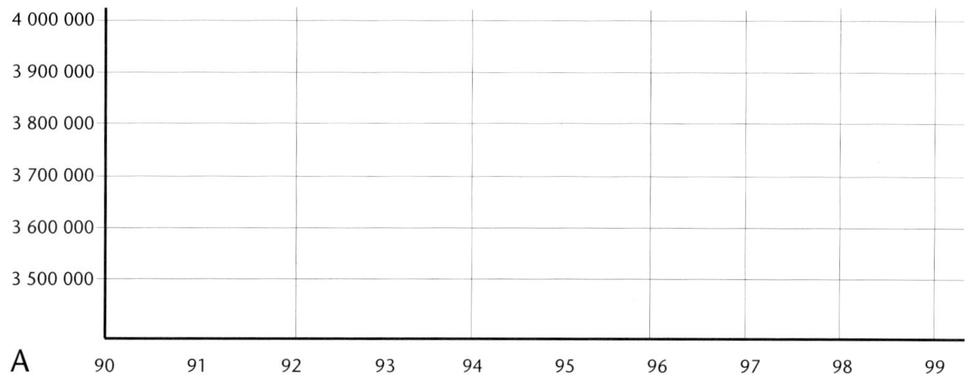

A

II Crimes et délits par catégories (1999 et variations 99 / 98)

- Vols et recels : 2 252 528 *(- 1,70 %)*
- Economie et finances : 295 734 *(+ 2,89 %)*
- Atteintes aux personnes : 233 194 *(+ 5,54 %)*
- Stupéfiants : 101 841 *(+ 9,67 %)*
- Autres (dont : atteintes aux biens) : 684 567 *(+ 1,73 %)*

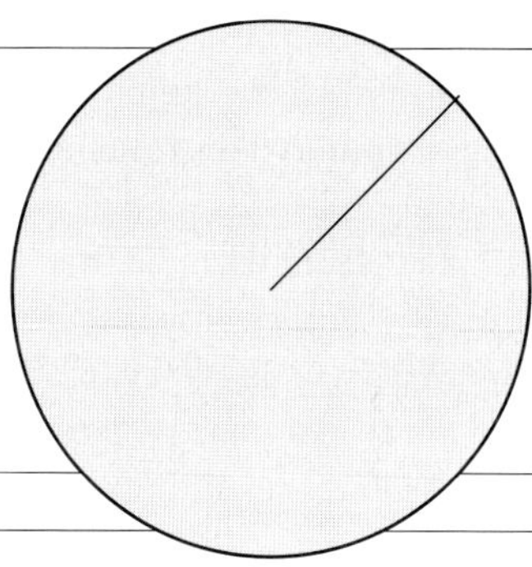
B

III La part des régions

Les trois régions les plus touchées par la délinquance en 1999 sont l'Ile-de-France (26,92 % des crimes et délits), Provence-Alpes-Côte-d'Azur (10,94 %) et Rhône-Alpes (9,79 %). La région la moins touchée est ... la Corse (0,42 %).

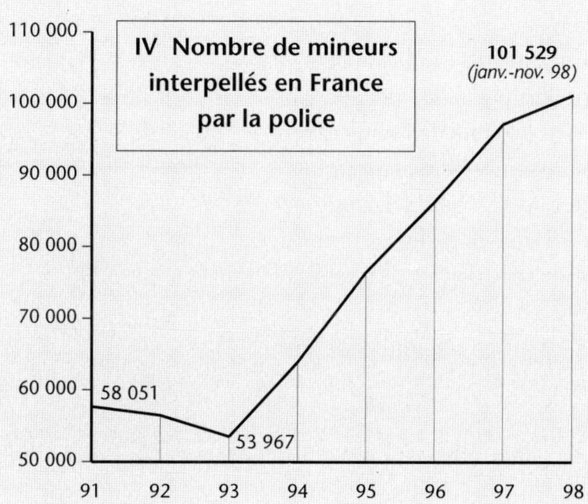

Pour parler de statistiques

représenter ... % (du total) des ...
un taux | élevé / modeste / faible
de ... % / proche des ... % / avoisinant les ... %

augmenter / progresser / croître | fortement
diminuer / régresser / décroître | légèrement
de ... %

constater une | forte | tendance à | la hausse
noter une | nette | | la baisse
légère

représenter une | hausse / augmentation / progression
enregistrer une | baisse / diminution / régression
être en | de ... % (par rapport à ...)

Vivre dans les quartiers difficiles

10

1 Décrivez le dessin de N'Guessan *(voir aussi le vocabulaire de la feuille de travail n° 1)* puis dites en quoi consiste le message du dessinateur.

2 Examinez le tableau *Dix indicateurs sur la vie dans les quartiers,* en bas à droite.

a) Montrez que les indicateurs 1 à 5 sont largement dépendants les uns des autres. S'il fallait tous les regrouper, comment s'appellerait l'indicateur commun ?

b) Quand on compare les quartiers prioritaires au reste de la France à l'aide des indicateurs 1 à 5, qu'est-ce qu'on constate ?

c) Voyez-vous un rapport entre les indicateurs 1 à 5, d'une part, les indicateurs 6 et 7, de l'autre ? Lequel ?

d) Tous les indicateurs montrent que les quartiers prioritaires sont défavorisés par rapport au reste de la France, sauf un : Lequel ? Comment s'explique cet « avantage »?

e) D'après vous, est-ce que le fait de rendre service aux voisins constitue un bon indicateur ? Pourquoi (pas) ?

A votre avis, quels autres faits ou actions (non mentionnés dans le tableau) pourraient également servir d'indicateur pour évaluer la vie d'une ville ou d'un quartier ?

3 Lisez l'article *Avoir quinze ans dans les quartiers difficiles* (livre de l'élève, p. 29-30).
Relevez dans le texte tous les facteurs qui sont à l'origine des difficultés des jeunes, puis regroupez-les et comparez vos résultats aux dix « indicateurs » et au dessin. Que constatez-vous ?

4 Parmi les problèmes mentionnés, dites quels sont ceux dont la responsabilité revient, selon vous,
a) à l'Etat, b) aux municipalités, c) aux familles.

5 a) Les jeunes des quartiers difficiles sont souvent confrontés aux « difficultés matérielles » (p. 29, L. 27). Quelles sont, concrètement, ces difficultés ?

b) Personnellement, de quels biens matériels auriez-vous le plus de mal à vous passer ?

6 Que pensez-vous de la thèse selon laquelle la violence des jeunes est un « appel au secours »?

1 **prioritaire** qui a la *priorité* (Vorfahrt); *ici:* défavorisé - 2 **métropolitain,e** *ici:* ohne Überseeterritorien - 3 **déclaré,e** *ici:* enregistré officiellement - 4 **un dépôt** *ici:* Sparkonto - 5 **un compte chèque(s)** Scheckkonto, Girokonto - 6 **débiteur** mit negativem Guthaben - 7 **le revenu** Einkommen - 8 **être desservi,e** am (Verkehrs-) Netz angeschlossen sein - 9 **menu,e** petit.

Dix indicateurs sur la vie dans les quartiers *(en %)*

		Quartiers prioritaires[1]	*France métropolitaine*[2]
1	Taux de chômage déclaré[3] chez les jeunes actifs (de 15 ans et plus)	24,2	13,6
2	Jeunes de 16 à 25 ans vivant dans un ménage touché par le chômage	45,0	24,4
3	Ménages sans dépôt[4] ou compte chèques[5] régulièrement débiteur[6]	18,3	12,2
4	Faible niveau de vie (moins de 2 500 F par personne)	11,7	6,1
5	Importance des aides de l'Etat dans le revenu[7] (ici: plus de 25 %)	26,1	13,6
6	Pauvreté visible de l'immeuble	17,7	6,7
7	Mauvaise isolation acoustique	58,8	31,6
8	Jugent le quartier bien desservi[8] par les transports en commun	90,0	57,3
9	A rendu de menus[9] services à au moins un voisin	44,7	55,5
10	Se sentent en sécurité dans leur quartier	66,0	86,2

Source : INSEE (chiffres cités dans *Le Monde*, 13 février 1998)

Paroles de jeunes

11

Exclusion

« Ce quartier quand on était mômes, il était bien, il y avait des activités, des associations, pas de racisme, on vivait bien, normaux. »

« On est rejetés[1] grave. Ça pète[2] aux yeux : du chômage, pas d'aide, des gosses obligés de partir un peu mal, des bâtons dans les roues[3], des cages à poules pour vivre. »

« Tout ça c'est voulu, ils nous ont amenés ici comme du bétail[4], ils nous ont entassés[5]. On n'a pas choisi d'y vivre. Maintenant, ils voudraient se débarrasser du quartier. Ils nous laissent pourrir[6]. »

« On est enfermés et seuls. Dehors, en ville, les gens nous "sentent". Ils se méfient, ils nous méprisent[7]. Pourtant il y a plein de gens sérieux ici. »

« Pourquoi la télé et les journaux ne nous montrent jamais comme on est ? Ils nous font passer pour des sauvages qu'ont rien dans la tête. »

« Dès ma naissance, je savais que j'aurai une mauvaise histoire. Ici, dès que ta mère te porte, t'es foutu[8]. »

Galère

« Les formations, les remises à niveau[9], les stages d'orientation, on a fait tout ça, et ça n'a servi à rien. On a connu toutes les galères. On ne voit jamais rien. Maintenant je dis que ce n'est plus vivable. »

« La volonté de s'en sortir, tout le monde l'a pas, mais quand on l'a, on n'en sort toujours pas. »

Jeunes

« Nos petits frères prennent le mauvais exemple sur nous quand on fait des trucs illégaux[10]. Ils voient que, même quand on en cherche, on n'a pas de boulot. »

« Il n'y a rien ici pour eux. Ils se font virer[11] des écoles, ils se lèvent à 3 heures de l'après-midi, et ils traînent la nuit dehors. »

« Ils ont le plus la haine et bagarrent[12] contre les flics. Ils expriment notre dégoût[13] à notre place. »

Violence

« C'est la façon d'exprimer la colère. La parole ne sert plus à rien. »

1 **rejeter** ausstossen (→ jeter) - 2 **péter aux yeux** *pop* sauter aux yeux - 3 **mettre des bâtons dans les roues** Knüppel zwischen die Beine werfen - 4 **le bétail** Vieh - 5 **entasser** mettre les uns sur les autres (→ un tas) - 6 **pourrir** vergammeln - 7 **mépriser** verachten - 8 **foutu,e** *pop* raté; *ici:* perdu - 9 **une remise à niveau** Erfrischungskurs - 10 **des trucs illégaux** *fam* krumme Dinge - 11 **se faire virer** *fam* rausgeschmissen werden - 12 **(se) bagarrer** *fam* lutter - 13 **le dégoût** Ekel, Abscheu.

1 Les déclarations ci-dessus (publiées dans *Le Monde* du 18 décembre 1998) ont été faites par huit jeunes hommes de 22 à 25 ans nés ou vivant depuis longtemps dans la banlicue de Toulouse. Dans ces déclarations, soulignez ou marquez de couleurs différentes tout ce qui correspond a) à des faits réels et b) aux sentiments éprouvés par ces jeunes.

2 Lisez le texte *Paroles de jeunes* dans le livre de l'élève, p. 30-32. Notez ce que les jeunes banlieusards pensent a) de la famille ; b) de l'argent ; c) de l'école ; d) de la presse ; e) de la politique ; f) de la police ; g) de la violence.

3 Dans ce texte, de quoi les jeunes se plaignent-ils le plus, concrètement ? Relevez leurs différentes plaintes et, pour chacune d'entre elles, dites si elle vous semble justifiée ou non.

4 a) En quoi consiste le « dilemme » de A. (p. 31, L. 1-6) ?
b) « *On n'a pas le choix.*» Que pensez-vous de cette affirmation de A. ? A votre avis, une situation difficile peut-elle « justifier » les vols et les agressions ? (Si oui, dans quels cas ?) Préparez et notez vos arguments avant de discuter.

5 Imaginez que plusieurs lecteurs du *Nouvel Observateur*, émus ou choqués par les déclarations des jeunes, envoient une lettre pour la rubrique du courrier des lecteurs. Ecrivez une de ces lettres après avoir choisi la perspective de l'un des personnages suivants : la mère d'un jeune du même âge que A. / un éducateur / le maire de Dammarie / un jeune policier.

6 Si un jeune banlieusard tel que A. ou K. vous rendait visite, chez vous, en Allemagne, et voyait comment vous vivez, qu'est-ce qui le frapperait le plus ? Rédigez un texte dans lequel il raconte à un jeune de sa banlieue ce qu'il a vu chez vous.

7 Relevez dans les déclarations ci-dessus et dans le texte *Paroles de jeunes* tous les mots et expressions qui viennent du français familier ou populaire. Sauriez-vous tous les traduire en « bon français » ?

La tchatche

12

La « **tchatche** » (la langue des jeunes des cités … et du rap) est un phénomène difficile à décrire, pour plusieurs raisons : D'abord, on y trouve un peu de tout : la langue familière « de tous les jours », des expressions populaires issues de l'argot, beaucoup de verlan *(voir ci-dessous)*, des mots d'origine anglaise. Ensuite, certaines expressions utilisées dans une clique de la banlieue X ne sont pas employées par ceux d'une bande de la banlieue Y, et inversement. Enfin, la tchatche évolue vite : Certaines expressions restent longtemps vivantes (et sont reprises par les médias), d'autres sont très vite démodées.
Le **verlan** est un ancien argot remis à la mode dans les années 80. En principe, il suffit d'inverser les syllabes d'un mot puis d'adapter l'orthographe : ainsi, le mot *bizarre* devient *zarre-bi,* puis *zarbi* ; le mot *came* devient *meca.* Dans la pratique, la transformation est souvent plus complexe, il faut aussi « adapter » la prononciation : *femme* → *femmeu* → *mmeu-fe* → *meuf ; arabe* → *arabeu* → *(a)-ra-beu* → *beu-ra* → *beur;* ou encore : *flic* → *flik* → *fli-keu* → *keu-fli* → *keuf.*

En petits groupes, amusez-vous maintenant à traduire les expressions de la liste ci-dessous en « tchatche » allemande (les mots marqués d'un * font partie du verlan).

Keum, meuf et maf

*un keum**	un mec = un homme, un garçon
un lascar	un garçon (rusé)
un(e) gamin(e), un(e) gosse, un(e) môme	un(e) enfant
*une meuf **	une femme, une fille
brancher une meuf	draguer une fille
un canon, une bombe	une très belle fille
*la maf **	la famille
*le reup */ la reum **	le père / la mère
*un reuf * / une reus **	un frère / une sœur
la case	la maison
la base	là où l'on habite (la cité, le quartier)
le bled	le village, la campagne (du Maghreb)
*un beur *, une beurette*	jeune Français(e) dont les parents sont des immigrés maghrébins

Taf, biz et galère

le ta(fe), le boulot, le job	le travail
taffer, bosser, jober	travailler
le biz(ness)	les affaires (illicites)
*la meca **	la came = la drogue
le shit	le haschisch
un splif(f), un joint, un pétard, une fumette, une sucette	une cigarette de haschisch
la galère, la rouille	une situation difficile
galérer, rouiller	être dans une situation difficile

Thune, teuf et autres

la t(h)une, le fric, la maille, le keus, le genar **	l'argent
thuné, friqué	riche
claquer son fric	dépenser (tout) son argent
une bagnole, une tire, une caisse	une voiture
les fringues (f), les sapes (f)	les vêtements
un(e) clope, un(e) peuclo, une nuigrave*	une cigarette
*une teuf **	une fête, une boum
le fun	le plaisir
*la zic(mu) **	la musique
*un skeud **	un disque, un CD

L'embrouille

une embrouille	un conflit
une connerie	une bêtise
faire le con	faire des bêtises
baiser / niquer qn	1. tromper qn; 2. détester/mépriser qn 3. faire l'amour avec qn
une provoc	une provocation
calculer / chercher qn	provoquer qn
chauffer / gonfler / emmerder qn	énerver qn
foutre les boules à qn	1. mettre qn en colère; 2. déprimer qn
*chanmé **	méchant
flipper	avoir (très) peur
*Laisse béton! **	Laisse tomber!
(se) calter	fuir, s'en aller rapidement
la baston	la lutte (avec des coups)
la gueule, la tronche	le visage, la figure
éclater / péter / gicler qn	frapper qn avec violence
cramer	1. brûler; 2. casser, cogner; 3. tuer
allumer qn	blesser qn (avec une arme à feu)
buter qn	tuer qn (avec une arme à feu)
claquer	mourir
un flingue	une arme à feu (un pistolet, un fusil)
*un flic, un keuf *, un bleu*	un policier
*le trou, le carpla**	le placard = la prison

Auch ou nave

*auch **	chaud = 1. super, génial; 2. agressif
trop	1. très; 2. super, génial
canon	très beau ou très bon, super, génial
*secla **	classe = formidable
grave, mortel, fatal	très mauvais (*ou* très bon)
craindre	être très mauvais (*ou* être très bon!)
(s') assurer	être très bon ou très fort
*zarbi **	bizarre
*ouf *, déjanté,e*	fou, dingue
nase, naze	1. cassé; 2. nul
nave	nul, idiot
un enfoiré, un bouffon	un crétin, un imbécile

IAM : Petit frère

Petit frère n'a qu'un souhait : devenir grand
C'est pourquoi il s'obstine à jouer les sauvages dès l'âge de 10 ans
Devenir adulte, avec les infos comme mentor
C'est éclater les tronches de ceux qui ne sont pas d'accord

A l'époque où grand frère était gamin
On se tapait des délires sur Blanche Neige et les Sept Nains
Maintenant les nains ont giclé Blanche Neige et tapent
Eclatent des types, claquent dans Mortal Combat

A 13 ans, il aime déjà l'argent avide
Mais les poches sont arides, alors on fait le caïd
Dans les boums, qui sont désormais des soirées, plus de sirop Teisseire
Petit frère veut des bières

Je ne crois pas que c'était volontaire, mais l'adulte, c'est certain
Indirectement a montré que faire le mal, c'est bien
Demain ses cahiers seront pleins de ratures
Petit frère fume des spliffs et casse des voitures

REFRAIN
Petit frère a déserté les terrains de jeux
Il marche à peine et veut des bottes de sept lieues
Petit frère veut grandir trop vite
Mais il a oublié que rien ne sert de courir, petit frère

Petit frère rêve de bagnoles, de fringues, de tunes
De réputation de dur, pour tout ça, il volerait la lune
Il collectionne les méfaits sans se soucier
Du mal qu'il fait, tout en demandant du respect

Peu lui importe de quoi demain sera fait
De donner à certains des raisons de mépriser son cadet
Dans sa tête, le rayonnement du tube cathodique
A étouffé les vibrations des tam-tams de l'Afrique

Il n'a plus de cartable, il ne saurait pas quoi en faire
Il ne joue plus aux billes, il veut jouer du revolver
Petit frère a jeté ses soldats pour devenir un guerrier et
Penser au butin qu'il va amasser *(→ Refrain)*

Les journalistes font des modes, la violence à l'école existait déjà
De mon temps, les rackets, les bastons, les dégâts
Les coups de batte dans les pare-brises des tires des instituteurs
Embrouilles à coup de cutter

Mais en parler au journal tous les soirs, ça devient banal
Ça s'imprime dans la rétine comme situation normale
Et si petit frère veut faire parler de lui
Il réitère ce qu'il a vu avant 8 heures et demie

Merde, en 80 c'étaient des états de faits, mais là
Ces journalistes ont fait des états
Et je ne crois pas que petit frère soit pire qu'avant
Juste surexposé à la pub, aux actes violents

Pour les grands, le gosse est le meilleur citron
La cible numéro 1, le terrain des produits de consommation
Et pour être sûr qu'il s'en procure
Petit frère s'assure, flingue à la ceinture

On sait ce que tu es quand on voit ce que tu possèdes
Petit frère le sait et garde ce fait en tête
L'argent lui ouvrirait les portes sur un ciel azur
Aussi facilement que ses tournevis ouvrent celles des voitures

Le grand standing, c'est tout ce dont il a envie
Ça passe mieux quand tu portes Giorgio Armani
Soucieux du regard des gens
Malgré son jeune âge, petit frère fume pour paraître plus grand

Il voudrait prendre l'autoroute de la fortune
Et ne se rend pas compte qu'il pourrait y laisser des plumes
Il vient à peine de sortir de son œuf
Et déjà petit frère veut être plus gros que le bœuf *(→ Refrain)*

Paroles : Philippe Fragione, Geoffroy Mussard, Gary Sandeur
Musique : Philippe Fragione, Pascal Pérez, Eric Mazel, Gary Sandeur
© Côté Obscur SARL / EMI Virgin Music Publishing France / Editions Hibou

2 **s'obstiner** ausharren, sich versteifen - 6 **se taper qc** *fam, ici:* s'offrir qc (d'agréable) -6 **un délire** *ici:* un grand plaisir - 7 **gicler qn** *ici: pop* frapper qn avec violence - 9 **avide** gierig - 10 **aride** sec; *ici:* vide - 10 **un caïd** un chef de bande - 15 **une rature** (Durch)Streichung - 17 **déserter (un endroit)** ne plus jamais y aller - 18 **une lieue** Meile - 23 **un méfait** un délit - 26 **un cadet** un frère plus jeune - 27 **le tube cathodique** *ici:* la télé - 28 **étouffer** ersticken - 29 **un cartable** Schultasche - 32 **le butin** Beute - 32 **amasser** anhäufen - 34 **le racket** Schutzgeld-Erpressung - 35 **une batte** Baseball-Schläger - 35 **un pare-brise** Windschutzscheibe - 40 **réitérer** répéter - 42 **faire des états** *ici:* etw. aufbauschen - 47 **se procurer qc** sich etw. besorgen - 52 **un tournevis** Schraubenzieher - 53 **le standing** une position sociale élevée.

1 a) A l'aide de la feuille de travail 12, soulignez dans le texte du rap tous les mots de « tchatche » que vous y trouverez.
b) Lisez le texte une seconde fois et dites en quelques mots qui est le « petit frère », ce qu'il fait et ce qu'il veut avoir.
2 Expliquez la signification des lignes a) 18-20; b) 27-28 ; c) 45-46 ; d) 59-60.
3 D'après ce rap, qui est responsable du comportement du petit frère ? Etes-vous d'accord ? Expliquez pourquoi (pas).
4 Rédigez un rapport sur le comportement et les motivations du petit frère. Au choix :
a) vu « de l'extérieur » (à la 3ème personne et avec vos propres mots – mais sans utiliser de français familier ou populaire) ;
b) vu par le petit frère lui-même (à la 1ère personne ; vous pouvez utiliser le vocabulaire de la « tchatche »).
5 Comparez la situation du « petit frère » à celle d'A. et de K. (livre de l'élève, p. 30-32) : points communs et différences.

La routine

14.1

La routine

14.2

1 Regardez le dessin de Plantu, sur la feuille 14.1, et dites où la scène se passe.

2 Par groupes de deux, relevez ensuite tous les détails du dessin qui représentent les maux concrets des banlieues. Notez ces détails dans la colonne de gauche de la liste ci-dessous puis inscrivez dans la colonne de droite le « mal » qu'ils représentent. (Servez-vous d'un dictionnaire, si nécessaire.)

les détails du dessin :	*le mal qu'ils représentent :*
ex.: les seringues sur le trottoir	la toxicomanie / le trafic de drogue

3 a) Répondez sincèrement à la question posée par le « nouveau » policier : Pourquoi « on » (la police) ne va pas dans le quartier représenté ?

b) Personnellement, que pensez-vous de l'attitude de ses collègues ? (Pesez bien le pour et le contre ...)

4 A votre avis, quelle est l'intention du dessinateur ? Par quels moyens cherche-t-il à influencer le lecteur ?

5 Le « nouveau » policier, choqué par l'attitude de ses collègues, envoie à un supérieur hiérarchique un rapport dans lequel
- il exprime son étonnement après ce qu'il a vu ;
- il se plaint (indirectement) de l'attitude de ses collègues ;
- il propose une action plus énergique de la police.

Rédigez ce rapport.

Poser des limites

15

Sécurité : plus de justice, de police et d'école

Le Premier ministre, Lionel Jospin, a présenté, mercredi 27 janvier, de nouvelles mesures pour lutter contre la violence des jeunes. Il a notamment annoncé la création d'ici à 2001 de 50 « centres de placement immédiat » destinés à éloigner et à permettre un « strict contrôle » des mineurs délinquants multirécidivistes[1]. Cette nouvelle structure sera placée sous contrôle éducatif[2] et non pas pénitentiaire[3]. Par ailleurs, le Premier ministre a défini trois axes prioritaires pour le gouvernement :
1. renforcer[4] la présence des forces de l'ordre[5] dans les quartiers sensibles,
2. améliorer les réponses judiciaires[6] aux infractions[7] commises[8] par les mineurs,
3. approfondir[9] la lutte contre la violence en milieu scolaire et enfin, favoriser l'accès à l'emploi des jeunes, notamment ceux issus[10] de l'immigration.

Le Monde, 29 janvier 1999 (texte abrégé)

1 Lisez le texte *Poser des limites* dans le livre de l'élève, p. 33, puis résumez les arguments de Bertrand Vergely.

2 Par écrit, expliquez et prenez position pour ou contre ces affirmations de Vergely :
a) On nous vend un monde de désir, pas un monde de raison.
b) Les parents ne s'imposent plus comme figure d'autorité.
c) Punir, c'est considérer les gens comme des êtres sociaux.

3 En quoi Vergely « confirme »-t-il ce que les rappeurs de IAM écrivaient dans leur texte *Petit frère* (feuille 12) ?

4 Pour Vergely, prévenir, c'est « remplir la vie des gens » (L. 27). Trouvez un maximum de possibilités pour « remplir » intelligemment la vie des jeunes.

5 Lisez ci-contre et en bas le texte et les informations sur les mesures du gouvernement Jospin. Dites en quoi ces mesures sont répressives, en quoi elles sont préventives.

6 Quels parallèles et quelles différences voyez-vous entre les thèses de Bertrand Vergely (dans *Poser des limites*) et les mesures du gouvernement ?

7 Décrivez le dessin de Plantu, ci-dessous. A votre avis, à qui ou à quoi le dessinateur s'attaque-t-il ? Que semble-t-il penser de l'efficacité de l'école dans la lutte contre la violence des jeunes ?

Les principales mesures du gouvernement

police : une présence plus effective dans les quartiers sensibles
- 7000 policiers et gendarmes supplémentaires dans les départements sensibles
- recrutement[11] de 8300 « adjoints de sécurité »
- augmentation du nombre des brigades de prévention de la délinquance juvénile

justice : des réponses plus efficaces aux actes de délinquance
- traitement judiciaire « en temps réel » des actes de délinquance commis par les mineurs
- augmentation du nombre des postes de juges pour enfants
- création de 50 centres de placement pour les mineurs délinquants récidivistes
- augmentation du nombre de dispositifs[12] éducatifs renforcés
- recrutement de 1000 éducateurs

école : une meilleure prévention de la violence
- recrutement de 10 000 aides-éducateurs
- création de 250 nouvelles classes-relais[13]
- ouverture de 30 nouveaux internats pour jeunes en grande difficulté
- amélioration des programmes d'insertion[14] et d'accès à l'emploi.

D'après *Le Monde* du 29 janvier 1999

1 **multirécidiviste** qui a déjà été condamné plusieurs fois - 2 **éducatif, -ive** → l'éducation - 3 **pénitentiaire** strafvollzugs- - 4 **renforcer** rendre plus fort - 5 **les forces de l'ordre** la police et la gendarmerie - 6 **judiciaire** → la justice - 7 **une infraction** un délit - 8 **commettre** faire (qc de mal) - 9 **approfondir** *ici:* intensifier - 10 **issu,e de** qui vient de *(ici:* dont les parents sont des immigrés) - 11 **le recrutement** l'embauche (Einstellung) - 12 **un dispositif** un ensemble de mesures - 13 **une classe-relais** une classe spéciale pour les élèves inadaptés - 14 **l'insertion** *f* Eingliederung.

Un sujet très médiatique

16

1 Lisez le texte *Un petit tour au Paradis* (livre de l'élève, pages 34-37) et dites en quelques mots de quoi il y est question.
2 a) Qu'est-ce qu'on apprend sur Samia, la jeune narratrice de ce texte ?
   b) A votre avis, pourquoi l'auteur de ce texte a-t-il choisi une enfant comme narratrice ?
3 En quelques mots, dites en quoi consistent les problèmes des jeunes interviewés par Sylvie.
4 Après sa visite au Paradis, la journaliste Sylvie raconte à un(e) collègue comment s'est passée sa journée de travail. Mettez-vous à la place de Sylvie (parlez à la 1ère personne) et ne racontez pas seulement ce que vous avez vu et fait, mais aussi les impressions que vous avez eues.
5 A la fin du texte, Samia écrit qu'elle ne comprend pas pourquoi le film ne passe pas à la télévision et pourquoi Sylvie ne l'a pas appelée. Expliquez à Samia comment vous interpréteriez ce double « oubli ».
6 En groupes, faites l'un des deux exercices suivants :
   a) Sylvie doit largement couper le film que son cameraman a tourné au « Paradis » pour en faire un documentaire de 4 à 5 minutes seulement. Aidez-la à choisir les scènes les plus « intéressantes » à montrer et rédigez le script correspondant.
   b) De retour au siège de la chaîne, une discussion a lieu dans la rédaction pour savoir s'il faut montrer ce film documentaire ou non. Quelques collègues sont pour, d'autres sont contre. Dites quels arguments les deux camps font valoir, puis organisez la discussion.
7 Regardez le dessin de Pascal Gros, ci-contre. Dites qui sont les trois personnages représentés, dans quelle situation ils se trouvent et ce qui va se passer par la suite.
8 Lisez ci-dessous le texte d'un fait divers paru dans *Le Monde* du 2 janvier 1999 et expliquez en quelques phrases ce qui s'est passé. Quel rapport voyez-vous entre ce texte et le dessin représenté ci-contre ?
9 A partir de ce fait divers, dites dans quelles circonstances les journalistes devraient (ou non) pouvoir « acheter » leurs informations. Discutez des avantages et des inconvénients.
10 « *Faire un choix, c'est déjà manipuler.* »
   a) Illustrez cette affirmation à l'aide d'une situation concrète (prise, par exemple, dans les médias).
   b) Discutez en classe : A votre avis, quelles règles devrait respecter un journaliste pour informer un maximum tout en manipulant un minimum ?

Une chaîne allemande accusée de manipulation

Alain Kauff, adjoint au maire de Strasbourg et élu du quartier sensible de la Meinau, a accusé, jeudi 31 décembre, la seconde chaîne publique de télévision allemande ZDF d'avoir payé et manipulé des jeunes pour rendre spectaculaires les incidents dans les banlieues de la capitale alsacienne.
Selon l'élu, la chaîne a payé 150 deutschemarks (environ 500 francs) à un jeune pour qu'il accepte de témoigner de dos la nuit devant la caméra tandis qu'un autre groupe de jeunes posait au second plan, le bonnet rabattu sur les yeux « *pour faire plus glauque*[1] ». Il s'est déclaré « *scandalisé par cette manipulation des images et par cette mise en scène* ».
La chaîne allemande a démenti « *une intention de manipulation ou de mise en scène* » de sa journaliste mais elle a reconnu que celle-ci avait payé 100 deutschemarks un adolescent « *pour le remercier de l'avoir aidée* ». Qualifiant ce versement d'argent « *d'un peu limite* » sur le plan déontologique[2], Eckart Gaddum, responsable de l'actualité sur ZDF a expliqué que cette journaliste n'avait voulu que « *montrer sa reconnaissance* » à l'égard de cet adolescent qui avait accepté de parler devant la caméra, en la protégeant notamment d'un autre groupe qui s'était montré menaçant à son égard.

1 **glauque** trüb; *ici:* düster
2 **déontologique** die Berufsehre betreffend

Rodéo d'or (1)

17

Jeudi

1 a) Lisez la 1ère partie de la nouvelle *(JEUDI 22 heures)*. Dites où la scène se passe et quel en est l'« événement » central.
b) Relevez les différents groupes de personnes présentes. Dites quel est leur « rôle » (= ce qu'elles font) ce soir-là.
c) La soirée officielle se compose de trois phases différentes. Dites en quoi elles consistent.
d) Décrivez l'« atmosphère » de la soirée et dites quelle impression elle vous fait.

2 A l'aide d'un dictionnaire, retrouvez le sens du mot « réhabilitation ». A votre avis, quel sens ce mot peut-il prendre quand on l'applique à une ville ou un quartier ? Notez les hypothèses qui vous viennent à l'esprit.

3 a) Relevez dans la première *et* dans la deuxième partie *(JEUDI 23 h 30)* tous les noms de places et de bâtiments municipaux du quartier. Faites deux listes : une pour les noms actuels, une autre pour les ex-noms.
b) A l'aide d'un dictionnaire ou d'une encyclopédie, renseignez-vous sur les personnages dont les noms figurent sur vos listes et dites ce que toutes ces personnes ont en commun.
c) Entre les personnages des deux listes, il y a cependant deux grandes différences. Retrouvez-en au moins une.
d) Qu'est-ce que ce changement des noms indique en ce qui concerne la tendance politique de la municipalité d'Epinay-la-Jolie ? Dans ce contexte, quel sens la « réhabilitation » du quartier prend-elle ?

4 En petits groupes, rédigez en 8 à 10 phrases le discours du maire en y intégrant tous les « mots réflexes » mentionnés dans le texte (p. 17, L. 20-23). Lisez ensuite vos discours à voix haute.

5 Relevez dans les deux premières parties tous les détails qui font allusion à la langue ou à la « culture » américaine. A votre avis, quel effet est-ce que cela doit produire dans le texte ?

6 Relisez le texte de la deuxième partie *(JEUDI 23 h 30)*.
a) Qu'est-ce qui s'est passé entre la fin de la première partie et le début de la seconde ?
b) Récapitulez en deux phrases ce qui se passe dans ce passage.
c) Le conducteur de la BMW est masqué et il met le feu à sa voiture. Qu'est-ce que cela permet de penser ?

Vendredi

1 *VENDREDI 0 h 30 :* Qui sont les trois personnages dont il est question dans ce passage ? Qui fait (ou propose de faire) quoi et dans quel but ?

2 *VENDREDI 2 h 15 :* A votre avis, comment le commissaire sait-il que les casseurs ne font pas partie de la cité (p. 21, L. 6-8 et 17-20) ? Pourquoi insiste-t-il sur ce « fait » ?

3 Pourquoi les journalistes prennent-ils contact avec le groupe de jeunes ? Quelles sont les premières réactions de ceux-ci ?

4 Quel est le résultat de la négociation entre les journalistes et les cinq jeunes ? Concrètement, que se passe-t-il par la suite ?

5 Un des « principes de bonne conduite » établis pour la chaîne de télévision TF1 précise que « *les journalistes s'interdisent de filmer un événement où la présence des caméras favoriserait une action criminelle. Ils se refusent à filmer un crime annoncé par avance par un individu ou une organisation.* » (*Le Monde,* 26 janvier 1994.)
a) Dans quel but ce principe a-t-il été établi ?
b) Que pensez-vous, dans ce contexte, de l'attitude des deux journalistes de TV5 dans *Rodéo d'or* ?

6 *VENDREDI 11 h 45* : Quelles sont les trois informations fournies par le journal radio de France Info ? Que pensez-vous de l'ordre dans lequel elles sont présentées ? Est-ce réaliste, comparé à ce que vous entendez à la radio ou à ce que vous voyez à la télé ?

7 Expliquez et commentez la réaction de Jean-Luc Godillard après qu'il a entendu les informations.

Trois mois plus tard

1 Lisez le passage *UN SAMEDI, TROIS MOIS PLUS TARD, 21 h 45.*
A quoi remarque-t-on que ni les personnes mentionnées dans le texte ni le narrateur ne prennent la cérémonie des Sept d'Or au sérieux ?

2 Faites le portrait de Jean-Luc Godillard. *(Servez-vous des indications données sur la feuille de travail 4.)*

3 Imaginez qu'en sortant de la cérémonie, Jean-Luc Godillard rentre à pied chez lui. Dans la rue, quelqu'un le suit. Godillard finit par remarquer qu'il est suivi, il se retourne et, à ce moment-là ...
(Continuez ! Imaginez ce qui va se passer.)

Rodéo d'or (2)

18

1 Après avoir lu la dernière partie du texte *(SAMEDI 23 H 30)*, comparez la « vraie » fin de l'histoire avec celle que vous aviez imaginée *(voir le dernier exercice de la feuille de travail 17)*. Y a-t-il des points communs ? Dans quelle mesure ?

2 Quelle a été votre réaction spontanée en lisant à la fin du texte que Michaël est « récompensé » à titre posthume ? Expliquez en quelques mots votre point de vue.

3 Comment comprenez-vous maintenant la signification du titre « Rodéo d'or » ?

4 Après la lecture complète de la nouvelle de Daeninckx, notez tout ce qui vous a plu et tout ce qui ne vous a pas plu (faites deux listes).

5 D'après vous, quelles étaient les motivations principales de l'auteur lorsqu'il a écrit cette nouvelle ? *(présenter objectivement le monde des banlieues ? élaborer une intrigue intéressante ? créer du suspense ? critiquer ou ridiculiser les politiciens ? les artistes modernes ? les journalistes et le monde des médias ? les jeunes des banlieues ? notre société en général ? autres raisons ?* – Justifiez votre opinion.)

6 A l'aide d'un dictionnaire ou d'une encyclopédie, informez-vous sur la *satire.* Relevez ensuite dans *Rodéo d'or* les éléments « satiriques » de cette nouvelle.

7 Relisez la rubrique *L'analyse du récit*, sur la feuille de travail 7.

a) En groupes, examinez *Rodéo d'or* en fonction des catégories d'analyse proposées (partagez-vous le travail), puis présentez vos résultats au reste de la classe.

b) Quels parallèles et quelles différences principales voyez-vous entre *Ariane,* de Le Clézio, et le *Rodéo d'or* de Daenicnkx ? Comparez ces deux nouvelles sur le plan de l'intrigue et du cadre, mais aussi des personnages, de la technique narrative, de la langue et du style.

8 Faites maintenant l' *un* des exercices suivants, au choix :

A Mettez-vous à la place de Fred ou de Kaleb et racontez l'histoire du *Rodéo d'or* vue à travers les yeux des jeunes.

B Tous les copains de Michaël sont indignés en voyant le reportage de TV5. Au nom du groupe, l'un d'eux téléphone à la rédaction de la chaîne de télévision pour protester contre la manipulation. Rédigez le dialogue au téléphone.

C A l'enterrement de Michaël, le prêtre – qui habite, lui aussi, en banlieue – fait un sermon dans lequel il parle de la jeunesse difficile de Michaël et de l'injustice qui frappe les jeunes banlieusards. Il fait également quelques allusions au rôle des médias dans la mort du jeune homme. Rédigez ce sermon.

D Sur le modèle de « Une chaîne allemande accusée de manipulation » (feuille de travail 16), écrivez un article de fait divers sous le titre « TV5 accusée de manipulation ».

9 Rédigez un compte-rendu de lecture pour *Rodéo d'or.* Dites d'abord quelques mots sur le contenu (intrigue, personnages, cadre) et sur la forme du texte (structure, style, langue) puis expliquez en quoi consiste, à vos yeux, l'intérêt du texte *(Utilisez, entre autres, le vocabulaire ci-dessous.)*

L'histoire | est basée sur …
| se déroule en / à / chez / dans le milieu des …

L' intrigue *(f)* | prend pour point de départ *(m)* …
| (n')est (pas) très banale / complexe / vraisemblable / compréhensible.

Le drame | arrive à son apogée *(f)* / point culminant
| trouve son dénouement *(m)*
au moment où … / quand …

Le personnage de X | est en conflit avec …
| lutte contre …
| se comporte en …
| est peu / tout à fait crédible.

Les rapports entre les protagonistes *(m/f)* sont marqués par …

Les dialogues *(m)* | sonnent juste / faux.
| sont pleins d'allusions *(f)* à …

Le sujet est traité de manière | superficielle / terre à terre
| réaliste / satirique

L'auteur | pose la question de … / aborde le problème de …
| fait clairement comprendre que …
| confronte le lecteur à …
| invite le lecteur à partager son/sa/ses …

Le lecteur | est frappé par …
| a du mal à | suivre l'intrigue.
| | s'identifier à …

« *(Titre)* » est un récit | original / émouvant / déroutant.
| qui suscite la curiosité.
| qui surprend par son/sa …

Le style de l'ouvrage est assez | prosaïque / décontracté
| académique / affecté

Ce qui est intéressant / fascinant / frappant, c'est (que) …

A mon avis, l'auteur insiste trop / n'insiste pas assez sur (le fait que) …

J'apprécie surtout | la manière avec laquelle il traite …
| le fait que …

Stop la violence !

19

1 A l'aide d'un dictionnaire, expliquez ce qu'est un « manifeste ». Quels manifestes ou quels genres de manifestes connaissez-vous ? De quoi parlent-ils ?
2 Avant la lecture détaillée du manifeste *Stop la violence !*, lisez d'abord les dix slogans en caractères gras. Quelle est votre première impression après la lecture de ce « programme » ?
3 Lisez maintenant le texte du manifeste, paragraphe par paragraphe.
   a) Formulez avec vos propres mots l'idée principale de chaque paragraphe.
   b) Dites dans quelle mesure vous êtes (ou non) d'accord avec ce qui y est exprimé.
4 Formulez en une ou deux phrases seulement le message « global » de ce manifeste. Personnellement, que pensez-vous de cette initiative des jeunes banlieusards ?
5 Lisez ci-dessous les affirmations de jeunes qui ont (directement ou indirectement) participé à l'élaboration du manifeste : A quelles parties du manifeste ces affirmations ont-elles pu mener ?

Quand on se défend, on dit « règlement de comptes », quand on ne se défend pas, on est écrabouillé. (Saliha, 14 ans)

Nos parents ne sont pas respectés. Nous, on ne veut pas qu'il nous arrive la même chose. (Love, 17 ans)

Le vrai problème des banlieues, c'est le clan. (Ibrahim, 19 ans)

Tous les week-ends, on entend des coups de feu. Alors, qui procure ces armes ? (Siham, 16 ans)

Il y a ceux qui foutent la merde pour s'en mettre plein les poches. Ils salissent l'image du quartier et ça déteint sur nous. (Love, 17 ans)

Les jeunes ne se sentent plus en sécurité. C'est vrai qu'il y a des caïds, ils ont des armes. Mais la plupart des jeunes qui en portent, c'est pour se sentir protégé. (Didier, 16 ans)

Si on veut la paix, il faut qu'on s'y mette tous. (Lila, 19 ans)

6 Quelles sont les fonctions du langage qui prédominent dans le manifeste ? *(Voir ci-dessous.)* Relevez quelques passages du texte de *Stop la violence* qui illustrent bien ces fonctions.
7 Le texte du manifeste a été diffusé en mars 1999 dans presque tous les grands journaux et magazines d'information français, ce qui constitue un gros succès pour cette initiative. Cependant, la grande manifestation organisée deux mois plus tard par les jeunes du mouvement *Stop la violence* a réuni assez peu de participants et est considérée comme un échec. Que faut-il penser d'un tel « retournement de situation » ?

Les fonctions du texte

Un texte est une forme de communication entre un *émetteur* (Sender) et un *destinataire* (Empfänger). En tant que telle, il remplit une ou plusieurs des fonctions du langage suivantes :

- Une fonction **référentielle** : l'émetteur se réfère à une situation, des personnages ou des faits objectifs.
- Une fonction **expressive** : l'émetteur veut exprimer ses propres émotions, pensées et jugements (souvent à la 1ère personne).
- Une fonction **conative** (ou impressive) : l'émetteur veut impliquer le destinataire et / ou l'influencer (verbes à la 2ème personne ou à l'impératif, exclamations, interrogations ou questions rhétoriques).
- Une fonction **phatique** : l'émetteur etablit, maintient puis coupe le contact avec le destinataire (expressions « de remplissage » telles que : *Au fait, ... Dites-moi, ... Vous savez, ...*).
- Une fonction **métalinguistique** : l'émetteur explique sa propre façon de s'exprimer pour éviter des malentendus.
- Une fonction **poétique** : l'émetteur veut présenter ses pensées ou émotions sous une forme esthétique (figures de style, choix des mots en fonction de leur sonorité ou du rythme, etc.).